Baustelle am Hirschkäfer-Grill

Außerdem von Constanze Spengler
bei ALADIN erschienen:
Willkommen im Hirschkäfer-Grill

1. Auflage 2018
Alle deutschen Rechte bei Aladin Verlag GmbH, Hamburg 2018
Copyright Text und Illustration © 2017 Constanze Spengler
Lektorat: Nina Horn
Herstellung und Satz: Steffen Meier
Lithografie: Margit Dittes Media, Hamburg
Satz aus der Palatino LT Pro und Mayton
Printed in Latvia
ISBN 978-3-8489-2117-1

www.aladin-verlag.de

Baustelle am Hirschkäfer-Grill

Constanze Spengler

ALADIN

Abfluss-Alarm

Ein warmer Wind streicht durch die Blätter. Das Moos hat alle seine Blüten geöffnet, und auf der Waldlichtung riecht es herrlich nach Sommer und Frittierfett. Heute stehen im Hirschkäfer-Grill „Fichtennadeln in Blattlausbierteig" auf der Tageskarte. Am Imbiss auf der Waldlichtung ist jeder Tisch besetzt, der Hirschkäfer hat alle Hände voll zu tun. Schmetterlinge und Fliegen lassen sich das Mittagessen schmecken. Die Bienen plaudern bei Honigkuchen und Blütenstaubbrause. Der Brummer sitzt auf einem der Barhocker am Tresen und bestellt sich das Gericht von der Tageskarte: „Viel Bierteig, die Nadeln kannst du weglassen."

Etwas abseits, in der Nähe der Spülküche, sitzt Zitto, der Zitronenfalter, an einem Schreibtisch, den er selbst mitgebracht hat. Vor ihm steht ein Schild mit der Aufschrift „DETEKTIV-BÜRO – Geheimnisse willkommen – Diskretion garantiert". Bisher hat noch kein einziger Kunde auf der anderen Seite des Tisches Platz genommen. Der Hirschkäfer ist trotzdem fest von Zittos detektivischen Fähigkeiten überzeugt. Schließlich hat er vor nicht allzu langer Zeit seinen Imbiss vor der Schließung bewahrt, indem er einer diebischen Fliege auf die Schliche gekommen ist.

„Wie wär's mit einem Mittagessen?", fragt der Hirschkäfer. „Geht aufs Haus."

„Du musst mir nicht dauernd Essen ausgeben", sagt der Zitronenfalter verlegen.

„Muss ich nicht", sagt der Hirschkäfer. „Möchte ich aber. Ohne dich hätte ich doch nie die geklauten Vorräte zurückbekommen."

„Die Fliege ist uns trotzdem entwischt", sagt der Zitronenfalter missmutig.

„Ach komm schon, Zitto!", sagt der Hirschkäfer. „Das mit der Fliege war einfach Pech. Und meine frittierten Fichtennadeln sind wirklich gut. Ich mach dir auch was von der süß-sauren Soße drauf."

„Na gut", sagt der Zitronenfalter. „Aber sobald das Detektivbüro läuft, bestelle ich bei dir ein Fünf-Gänge-Menü und bezahle alles selbst."

„Abgemacht", sagt der Hirschkäfer und grinst.

Andere Stammgäste zieht es eher in den Schatten. Assel und

Schnecke haben ihren Tisch an die feuchte Stelle unterm Farn gerückt. Der Stammtisch der Ameisen ist wie üblich unter einem großen Blatt verborgen, wo sie sich wie gewohnt alle zusammen ein Glas Blattlausbier teilen. Grille und Nachtfalter hecken im Halbschatten der Eiche neue Pläne aus. Dazu haben sie einen der größten Tische besetzt und überall Zettel mit Notizen, Skizzen und Berechnungen verteilt. Der Hirschkäfer wüsste gern, was sie vorhaben, denn bei den Erfindungen der beiden geht selten alles nach Plan. Da ist man besser vorbereitet.

Zurück im Imbisswagen taucht der Hirschkäfer klein geschnittene Fichtennadeln in Bierteig und wirft sie ins heiße Fett. Er legt Baumpilzscheiben auf den Grill, wendet die Mistbuletten und füllt weitere Gläser mit Blütenstaubbrause. Gerade als er die frittierten Nadeln für Zitto aus der Fritteuse fischt, schiebt sich eine sehr große Mistkugel um die Ecke des Hirschkäfer-Grills und bleibt direkt vorm Tresen liegen.

„Nanu", sagt der Hirschkäfer. „Bist du das, Mist?"

„Hallo, Hicks", sagt der Mistkäfer und krabbelt schnaufend unter der Mistkugel hervor.

„Warum rollst du diese Riesenkugel durch die Gegend?", fragt der Hirschkäfer.

„Bei mir stapeln sich die

Bestellungen", sagt der Mistkäfer. „Ich dachte, wenn ich die Mistkugeln größer mache, kann ich schneller liefern."

Der Mistkäfer ist nicht nur der beste Freund des Hirschkäfers, er ist auch der gefragteste Mistlieferant der ganzen Gegend. Nicht zuletzt weil sein Mist die Hauptzutat für die Spezialität des Hirschkäfer-Grills ist: den doppelten Mistburger mit scharfer Soße!

„Willst du was trinken?", fragt der Hirschkäfer. „Deine Kugel sieht ganz schön schwer aus."

„Ist sie auch", sagt der Mistkäfer und klettert auf einen freien Barhocker. „War keine so gute Idee von mir, die Riesenmistkugel. Selbst die Schnecke hat mich auf dem Weg zu dir überholt."

Der Brummer lacht und klopft dem Mistkäfer auf die Schulter. Der Hirschkäfer füllt ihm ein großes Glas mit Bärlauchbrause.

„Irgendwas riecht hier komisch", sagt der Brummer und schnüffelt in alle Richtungen.

„Meinst du meine Mistkugel?", fragt der Mistkäfer. „Das Aroma wird beim Rollen intensiver."

„Nee", sagt der Brummer, „ich weiß doch, wie dein Mist riecht. Ess ja fast täglich einen deiner Burger. Das hier ist anders. Riecht doch mal!"

Hirschkäfer und Mistkäfer saugen die Luft ein.

„Du hast recht", sagt der Hirschkäfer und verzieht das Gesicht. „Irgendwie faulig."

„Ich glaube, das kommt aus deiner Küche, Hicks", sagt der Mistkäfer.

Als Hirschkäfer und Mistkäfer zur Küche flitzen, hören sie schon die aufgeregten Rufe der Blattläuse. „Ihhh!", „Uähh!", „Macht schnell die Tür auf!", „Ich schaff es nicht!". Der Hirschkäfer drückt kräftig gegen die Tür. Die Küchentür gibt mit einem schmatzenden Geräusch nach und eine Welle aus bräunlich grünem Wasser und tropfnassen Blattläusen schwappt über seine Füße.

„Oh nein!", ruft der Hirschkäfer. „Schon wieder der Abfluss?"

Seit einiger Zeit funktioniert in der Küche des Hirschkäfer-Grills nicht mehr alles wie gewohnt. Der Dunstabzug rasselt, der Speisenaufzug klemmt und immer wieder spuckt der Abfluss plötzlich blubbernd Wasser und Speisereste aus. Der Hirschkäfer hat schon alles Mögliche probiert: seine Fühler in den Dunstabzug gesteckt, am Aufzug geruckelt und schließlich eine ganze Flasche Ameisensäure ins Abflussrohr geschüttet. Bisher ohne den geringsten Erfolg.

„Das ist so eklig!", „Buähh!", „Du musst was unternehmen!", rufen die Blattläuse durcheinander.

Der Hirschkäfer kratzt sich am Kopf.

„Soll ich mir das mal angucken?", fragt der Mistkäfer. Der Mistkäfer kann beinah alles reparieren.

„Lass mal, Mist", sagt der Hirschkäfer. „Wenn du jetzt auch noch meine Küche reparierst, wirst du mit deinen Mistlieferungen ja nie fertig. Ich hole einen Handwerker. Vielleicht den Tausendfüßler. Oder den Weberknecht."

Der Mistkäfer überlegt: „Ich komme nachher noch beim Tausendfüßler vorbei. Hat sich bei mir Mist für eine Gartenskulptur bestellt. Schlimme Verschwendung von Lebensmitteln, wenn du mich fragst. Aber wenn du willst, schicke ich ihn dir rüber."

Der Hirschkäfer lächelt. „Ja bitte. Und pass auf, dass er genug Mist für meine Burger übrig lässt."

Der Tausendfüßler

In der Nacht klopft und brummt es plötzlich am Hirschkäfer-Grill. Der Hirschkäfer träumt von einem Konzert auf der Waldlichtung. Es dauert eine Weile, bis er merkt, dass die Geräusche keine schlagzeugspielenden Wespen sind, sondern Lärm von draußen. Schlaftrunken krabbelt er aus dem Bett und öffnet die Haustür. Niemand da, doch das Klopfen geht weiter. Es kommt aus der Richtung des Hirschkäfer-Grills.

„Hallo?", ruft der Hirschkäfer vom Balkon in die Dunkelheit.

„Guten Morgen!", ruft es zurück und jemand leuchtet ihm aus dem Imbiss mit einer Taschenlampe ins Gesicht.

„Tausendfüßler?", fragt der Hirschkäfer.

„Na, ausgeschlafen?", ruft der Tausendfüßler mit fröhlicher Stimme. „Ich hab mich schon gewundert, wo du bleibst. Der Mistkäfer hat gesagt, die Reparaturen wären dringend."

„Ja, sind sie auch", sagt der Hirschkäfer verwirrt. Wieso kommt der Tausendfüßler mitten in der Nacht? Oder ist das alles nur ein Traum?

Er klettert am Stamm der alten Eiche hinunter zum Imbiss. Beinah stolpert er über die Werkzeugtasche des Tausendfüßlers, doch ihre weiße Aufschrift „DER TAUSENDSASSA – BAUKUNST mit Hand und Fuß" sieht man sogar im Dunkeln.

„Wie spät ist es denn?", fragt der Hirschkäfer.

„Schon fast Sonnenaufgang", sagt der Tausendfüßler und klingt vorwurfsvoll.

Tatsächlich sieht der Himmel auf der östlichen Seite der Lichtung ein kleines bisschen weniger tiefschwarz aus als auf der Westseite.

„Ich hab schon mal angefangen", sagt der Tausendfüßler. „Hier ist ja einiges zu tun!"

„Am Imbiss ist eigentlich alles in Ordnung", sagt der Hirschkäfer. „In der Küche ist der Abfluss verstopft."

„Den seh ich mir später an", sagt der Tausendfüßler. „Die Markise hier hat aber kein Fachmann angebracht!"

Das stimmt. Der Hirschkäfer hat die Markise selbst genäht. Bienen und Ameisen haben sie dann am Imbiss befestigt. Bisher war der Hirschkäfer damit sehr zufrieden, denn die Markise tut alles, was eine Markise tun soll. Man kann sie leicht ein- und ausfahren und in ihrem Schatten sitzen. Das heißt, man konnte. Jetzt liegt sie zur Hälfte auf dem Boden, weil der Tausendfüßler sie auf einer Seite aus ihrem Bienenwachspfropfen herausgeklopft hat.

„Ich fand die Markise so eigentlich ganz gut", sagt der Hirschkäfer.

„Na", sagt der Tausendfüßler, „sicher ist die Konstruktion aber nicht. Guck doch mal, wie sie runterhängt."

„Aber eben war sie doch noch…", setzt der Hirschkäfer an, wird aber vom Tausendfüßler sofort unterbrochen.

„Ich hab praktisch nur dagegengepustet", sagt der Tausendfüßler und stützt sich dabei auf einen großen Vorschlaghammer. „Ein Windstoß und sie fliegt deinen Gästen um die Fühler. So was kann richtig teuer werden."

„Aber", sagt der Hirschkäfer, „ich brauche die Markise doch."

„Keine Sorge!", sagt der Tausendfüßler. „Jetzt bin ich ja da und kümmere mich um alles."

Der Hirschkäfer weiß nicht, was er sagen soll, was gar nicht so häufig vorkommt. Wahrscheinlich liegt es daran, dass er sonst niemals so früh aufsteht. Kurz hofft er, dass er vielleicht doch noch oben in seinem Bett liegt und den wild hämmernden Tausendfüßler nur träumt. Dann tut der Hirschkäfer, was er jeden Morgen tut: Er macht sich ein leckeres Frühstück. Geröstete Baumpilzscheiben mit Honig und Salz, dazu einen starken Kaffee. Der Tausendfüßler nimmt sich die größte Pilzscheibe und blickt kritisch auf die Kaffeemaschine.

„Die ist aber auch nicht mehr die Jüngste", stellt er fest. „Ich kann dir hier einen Filter-Vollautomaten einbauen. Industriequalität."

„Nicht nötig", sagt der Hirschkäfer. „Danke."

„Wenn du meinst", sagt der Tausendfüßler, nimmt die Kanne und gießt sich die erste Tasse Kaffee ein. Nun läuft die heiße Flüssigkeit direkt aus der Maschine auf den Boden.

„Vorsicht", sagt der Hirschkäfer und bringt seine Füße in Sicherheit. Dann schiebt er die Kanne zurück unter die Maschine.

„Siehst du?", sagt der Tausendfüßler, während der Hirschkäfer den Kaffee aufwischt. „Mit dem vollautomatischen Nachlaufschutz wäre das nicht passiert."

Einen großen Becher Kaffee und zwei Baumpilzscheiben später fühlt der Hirschkäfer sich hellwach, und der Tausendfüßler hat die Markise mit etlichen Metallschrauben und

Winkeln so befestigt, dass selbst ein Orkan sie nicht mehr abreißen könnte.

Als der Himmel sich langsam rosa färbt, hüpfen auch die Blattläuse aus der Küche.

„Warum hängt die Markise schief?", fragt die erste Blattlaus den Hirschkäfer.

„Was sollte der Lärm?", fragt die zweite.

Die dritte reibt sich nur die Augen und gähnt, während der Tausendfüßler ausführlich erklärt, was Ameisen und Bienen beim Anbringen der Markise alles falsch gemacht haben.

Dann folgt er den Blattläusen in die Küche. Jeder, der zum ersten Mal die Küche der Blattläuse betritt, ist beeindruckt. Töpfe, Pfannen, Teller, Küchenmaschinen und Vorratsschränke haben die passende Größe für einen Hirschkäfer. Alles andere ist perfekt auf Köche in Blattlausgröße abgestimmt. Es gibt Sicherheitsnetze, damit niemand in einen Suppentopf fallen kann, und Seilwinden, um die vollen Töpfe vom Herd zu hieven. Es gibt kleine Spaten, um Gewürze aus der Dose in die Töpfe zu schaufeln, einen Tank, in dem das berühmte Blattlausbier gärt, und ein Regal voller Spezialschuhe, die die Blattläuse anziehen, wenn sie mit ihren Füßen den Honigkuchenteig durchkneten. Das alles verteilt sich auf mehrere Etagen, die durch Treppen, Leitern und Brücken miteinander verbunden sind. Nur in der Mitte ist ein Gang frei, damit auch der Hirschkäfer in die Küche hineinpasst. Der Tausendfüßler blickt sich mit großen Augen um. Die Blattläuse zeigen den unbeweglichen Speisenaufzug und schalten die rasselnde Dunstabzugshaube ein. Der Tausendfüßler nickt. „Klarer Fall für den Tausendsassa. In dieser Küche brauche ich meine Spezialausrüstung."

Der Tausendfüßler klappt seine Werkzeugtasche auf. Jetzt ist der Hirschkäfer beeindruckt. Ganz unten liegt ein Paar Sicherheitsschuhe und darüber für jede der vielen Hände des Tausendfüßlers ein Arbeitshandschuh und ein anderes Werkzeug. Vom größten Hammer bis zum kleinsten Inbusschlüssel ist alles da. Außerdem gibt es einen Overall mit Reißverschluss und mindestens hundert Taschen, eine Schutzbrille, Ohrenschützer und einen Helm. Der Tausendfüßler krabbelt in die Tasche, streckt die Arme seitlich aus und schon schlüpft er selbst in den Overall, und seine Hände in den Handschuhen greifen nach den Werkzeugen auf jeder Seite. Auf seinem Rücken steht nun in großen Buchstaben „DER TAUSENDSASSA – BAUKUNST mit Hand und Fuß".

Die Konzertveranstalter

Als der Hirschkäfer zum Imbiss zurückkehrt, sitzen bereits zwei Gäste am Tresen. Grille und Nachtfalter. So früh sind die beiden normalerweise nicht auf. Und so erwartungsvoll haben sie den Hirschkäfer zuletzt angeblickt, als sie ihn überreden wollten, ein kostenloses Festmahl für ein ganzes Orchester zuzubereiten.

„Vorsicht", denkt der Hirschkäfer. „Wenn ich jetzt nicht aufpasse, muss ich gleich das nächste Festessen kochen."

„Hallo, Hirschkäfer", sagt die Grille strahlend.

„Einen wunderschönen guten Morgen", ruft der Nachtfalter.

„Guten Morgen, ihr zwei", sagt der Hirschkäfer freundlich. „Wollt ihr frühstücken?"

„Nur einen Tee", sagt die Grille. „Hör mal, der Nachtfalter und ich haben eine ganz tolle Idee!"

„Ja?", fragt der Hirschkäfer und setzt Teewasser auf.

„Ja!", antwortet der Nachtfalter. „Unser Konzert war doch ein Riesenerfolg. Das musst du zugeben."

Es stimmt. Das Konzert, das Grille und Nachtfalter auf der Waldlichtung organisiert haben, hat alle Insekten begeistert. Allerdings ist das bisher die einzige Idee der beiden, die nicht in einer mittleren oder größeren Katastrophe geendet hat.

„Wollt ihr wieder das Grillenorchester einladen?", fragt der Hirschkäfer. „Ist das eure Idee?"

„So ähnlich", sagt der Nachtfalter.

„Die Grillharmoniker sind auf Tournee in Spanien …", sagt die Grille.

„… aber wir haben ja noch unsere Tribüne!", ergänzt der Nachtfalter. „Deshalb werden die Grille und ich jetzt Konzertveranstalter. Wir laden berühmte Musiker ein und verkaufen Eintrittskarten."

„Ach so", sagt der Hirschkäfer und schenkt Tee ein. „Dann sagt mir Bescheid, wenn es so weit ist. Vielleicht komme ich auch zu einem eurer Konzerte."

„Also", sagt die Grille, „darum geht es doch gar nicht."

„Wir freuen uns natürlich, wenn du zu unserem Konzert kommst!", fügt der Nachtfalter schnell hinzu und stupst die Grille in die Seite.

„Ja", sagt die Grille, „natürlich."

„Aber so ein Konzert hätte auch für dich viele Vorteile", fährt der Nachtfalter fort.

„Eigentlich hättest du sogar die meisten Vorteile von allen", sagt die Grille. „Der Nachtfalter und ich, wir haben nichts als Arbeit damit. Aber bei dir werden die Konzertbesucher Essen und Getränke kaufen."

„Deshalb dachten wir", sagt der Nachtfalter, „es wäre nur fair, wenn du die Bezahlung der Musiker übernehmen würdest."

Der Hirschkäfer ist anderer Meinung. Aber in diesem Moment werden sie vom Tausendfüßler unterbrochen, der einen Barhocker zwischen Grille und Nachtfalter an den Tresen schiebt.

„Mittagspause", sagt der Tausendfüßler und holt ein leicht zerdrücktes Blatt-Sandwich aus einer seiner vielen Taschen.

„Die Sonne geht gerade erst auf", sagt die Grille. „Und wir haben hier Wichtiges mit dem Hirschkäfer zu besprechen."

„Noch mehr Langschläfer!", ruft der Tausendfüßler. „Seid ihr Künstler oder was?"

„Konzertveranstalter", sagt die Grille.

„Oho", sagt der Tausendfüßler erfreut. „Das trifft sich gut. Ich bin nämlich Musiker. Ich kann 17 verschiedene Instrumente gleichzeitig spielen."

„,BAUKUNST' mit Hand und Fuß'?", liest der Nachtfalter vor. Das steht auf dem Overall des Tausendfüßlers, gleich unter ‚TAUSENDSASSA'. Der Nachtfalter hat die Schrift direkt vorm Gesicht, denn der Tausendfüßler hat sich ganz der Grille zugewandt.

„Das ist nur mein Tages-Overall", sagt der Tausendfüßler. „Ich hab auch einen für abends: ‚TAUSENDSASSA – KLANG-KUNST mit Hand und Fuß'."

Die Grille scheint nicht überzeugt.

20

„Und tagsüber baust du Sachen?", fragt der Nachtfalter. „Was denn so?"

„Der Tausendfüßler ist heute hier, um meine Küche zu reparieren", schaltet sich der Hirschkäfer ein und fragt: „Wie sieht's denn da aus?"

„Der Dunstabzug läuft wieder", sagt der Tausendfüßler. „Hatte sich eine Kiefernnadel drin verklemmt. Beim Speisenaufzug sind zwei Zahnräder gebrochen. Dafür hab ich keine Ersatzteile dabei. Aber an deiner Stelle würde ich gleich den ganzen Aufzug erneuern. Das Ding ist total veraltet."

„Kannst du auch Bühnenbeleuchtung installieren?", fragt der Nachtfalter. „Scheinwerfer und so?"

„Scheinwerfer?! Das war mal", lacht der Tausendfüßler. „Das macht man heute alles mit Glühwürmchen-Verstärkern. Ich kann euch da aber gern beraten."

„Wir könnten dir zwar nichts bezahlen", sagt der Nachtfalter, „aber wenn du dich um die Konzertbeleuchtung kümmerst, können wir dir vielleicht einen kleinen Auftritt verschaffen."

„Eine Riesenchance für dich", sagt die Grille. „Wir haben Kontakte zu ganz hohen Tieren in der Musikbranche."

„Versprechen können wir natürlich nichts", sagt der Nachtfalter.

„Ich seh mir das nach dem Mittagessen gleich mal an", sagt der Tausendfüßler.

„Moment mal", sagt der Hirschkäfer. „Was wird denn jetzt mit meinem Küchenabfluss?"

„Erdarbeiten mache ich sowieso nicht", sagt der Tausendfüßler. „Dafür brauchst du den Regenwurm."

„Aber dafür hatte ich dich doch bestellt!", sagt der Hirschkäfer empört.

„Keine Sorge", sagt der Tausendfüßler. „Ich schicke dir den Regenwurm morgen vorbei."

Dann packt er seine Werkzeugtasche und verschwindet mit Nachtfalter und Grille in Richtung Konzerttribüne.

Talentsuche

Am nächsten Morgen wälzt der Hirschkäfer sich noch vor Sonnenaufgang aus dem Bett, um nicht wieder von einem eifrigen Handwerker geweckt zu werden. Er frühstückt im Dunkeln und rechnet damit, jeden Augenblick den Regenwurm aus dem Boden kriechen zu sehen. Doch die Lichtung bleibt still. Nur die Motte flattert auf ihrem Heimweg beim Hirschkäfer vorbei und wünscht einen guten Morgen, bevor sie sich für den Rest des Tages in ihr Bett zurückzieht. Der Hirschkäfer sieht zu, wie das Tageslicht die Farben der Waldlichtung langsam von einem zarten Grau in ein kräftiges Grün verwandelt. „Ich sollte öfter so früh aufstehen", denkt er. „Das ist schön."

Noch schöner ist, dass gleich darauf der Mistkäfer seine Kugel heranrollt.

„Du kommst gerade rechtzeitig zum Frühstück", sagt der Hirschkäfer. „Willst du Kaffee?"

„Lieber Tee", sagt der Mistkäfer. „Und einen Mistburger mit scharfer Sauce."

„Mach ich dir", sagt der Hirschkäfer.

„Ich hab gehört, du willst Musiker für ein Konzert einladen", sagt der Mistkäfer und grinst.

„Will ich nicht!", sagt der Hirschkäfer. „Behauptet das etwa die Grille?"

„Und der Nachtfalter", ergänzt der Mistkäfer lachend. „Ich dachte mir schon, dass das nicht ganz stimmt."

„Was haben sie dir denn erzählt?", fragt der Hirschkäfer besorgt.

„Dass der Hirschkäfer-Grill mehr Kundschaft braucht und sie deshalb für dich ein großes Konzert veranstalten."

„Das gibt's doch nicht!", ruft der Hirschkäfer empört.

„Es geht noch weiter", sagt der Mistkäfer und lacht. „Sie haben überall im Wald Zettel verteilt. Guck mal."

Der Mistkäfer reicht dem Hirschkäfer einen handgeschriebenen Zettel. Darauf steht, dass die Direktoren der weltbekannten Waldbühne Talente aus Musik- und Showgeschäft suchen. Interessierte können sich nachmittags am Hirschkäfer-Grill melden. Bei Nachtfalter und Grille.

Der Hirschkäfer verdreht die Augen.

Der Mistkäfer klopft ihm auf die Schulter. „Das wird sicher lustig. Ich beeile mich mit meinen Lieferungen, und heute Nachmittag sehen wir uns das Spektakel an. Ich hoffe nur, dass überhaupt jemand kommt."

Den Vormittag über hat der Hirschkäfer nicht viel Zeit, sich über Grille und Nachtfalter Gedanken zu machen. Die Blattläuse haben versucht, den Küchenabfluss wieder frei zu bekommen. Dabei sind ihnen mehrere Kochlöffel und der rote Quirl ins Rohr gefallen. Der Hirschkäfer liegt auf dem Küchenboden und versucht vergeblich, mit dem langen Griff der Schaumkelle alles wieder herauszufischen, bis es Zeit ist, das Tagesgericht zu kochen. Es soll eine dicke

Suppe aus Brennnesselblättern und Grassamen geben. Weil ungewöhnlich viele Gäste an den Tischen auf der Waldlichtung Platz genommen haben, füllt der Hirschkäfer den Topf zweimal mit Wasser auf. So reicht die Suppe für alle. Und dass sie nicht so dick ist wie sonst, fällt kaum jemandem auf. Heute sind nicht nur Stammgäste da, sondern auch Insekten, die der Hirschkäfer selten sieht. Fruchtfliegen und Teichflöhe, die Blattwanze, der Maikäfer und eine schüchterne Schabe, die mit vier Händen eine Triangel umklammert. Als dann noch der Nashornkäfer erscheint und mühsam ein Klavier auf die Lichtung schiebt, weiß der Hirschkäfer, wieso all die neuen Gäste gekommen sind.

„Habe ich was verpasst?", fragt der Mistkäfer außer Atem.

„Keine Sorge, Mist", sagt der Hirschkäfer. „Die Herren Musikdirektoren sind auch noch nicht da."

„Meinst du, die wollen alle vorspielen?", fragt der Mistkäfer und deutet in die Runde.

„Ich glaube schon", sagt der Hirschkäfer.

Weil inzwischen alle Sitzplätze belegt sind, rollt der Mistkäfer seine Mistkugel an den Tresen und macht es sich darauf bequem.

„Prima", sagt er. „Von mir aus kann es losgehen."

Und tatsächlich flattern Nachtfalter und Grille auf die Lichtung

und sehen sich nach einem freien Tisch um. Noch bevor die ersten Musiker auf sie losstürmen können, ist der Hirschkäfer zur Stelle.

„Kommt mit", sagt er. „Hinter der Küche habe ich noch einen Klapptisch."

Auf dem Weg dahin erklärt er ihnen, dass er auf gar keinen Fall irgendwelche Musiker bezahlen wird und dass die beiden sich ganz allein um ihr Konzert kümmern müssen. Die Grille grummelt. Der Nachtfalter nickt verständnisvoll und sagt immer wieder „Natürlich!" und „Selbstverständlich!" und sowieso sei von Bezahlung keine Rede gewesen. Dass die beiden gar nicht widersprechen, macht den Hirschkäfer erst recht nervös.

„Bestimmt hecken sie schon den nächsten Plan aus", meint der Mistkäfer und stellt sich auf seine Mistkugel, um besser sehen zu können. Grille und Nachtfalter heften sich ihre selbstgemachten Namensschilder an und schon drängen sich die Insekten um ihren Tisch. Der Pelzkäfer beginnt ein trauriges Lied auf Italienisch. Der Nashornkäfer versucht ihn mit wilden Klavierimprovisationen zu übertönen. Eine Gruppe Teichflöhe möchte den Suppentopf des Hirschkäfers als Becken für ihr Wasserballett ausleihen. Die Schabe schlägt unter ihrem Flügel ganz leise die Triangel. Die Grille versucht mit rudernden Armen für Ordnung zu sorgen, und der Mistkäfer kichert vergnügt in sich hinein.

„Entschuldigung", sagt eine freundliche Bassstimme neben dem Tresen. „Bin ich hier richtig am Hirschkäfer-Grill?"

„Ja", antwortet der Mistkäfer. „Das Vorsingen ist da drüben."

„Ich komme wegen des Abflusses", sagt der Regenwurm und reckt den Kopf über den Tresen.

26

„Oh, du bist es", ruft der Hirschkäfer erfreut. „Ich dachte schon, du kommst gar nicht mehr."

„Aber wieso denn?", fragt der Regenwurm. „Wir hatten doch gar keine Zeit ausgemacht."

„Da hast du recht", sagt der Hirschkäfer und erklärt: „Der Tausendfüßler hat mich gestern geweckt. Ich dachte einfach, ihr Handwerker steht alle vor Sonnenaufgang auf."

„Nicht alle", sagt der Regenwurm freundlich. „Übrigens mögen wir Regenwürmer das Wort ‚Handwerker' nicht besonders. Hände werden überschätzt. Wir arbeiten mit unserem gesamten Körper."

„Oh", sagt der Hirschkäfer verlegen, „natürlich, entschuldige."

„Kein Problem", sagt der Regenwurm. „Du kannst ‚Erdarbeiter' sagen. Obwohl das auch nicht alle Regenwürmer gut finden."

„Was finden denn alle Regenwürmer gut?", fragt der Mistkäfer.

„Ich weiß es nicht", gibt der Regenwurm zu. „Regenwürmer sind ziemlich verschieden."

„Ich zeige dir die Küche", sagt der Hirschkäfer.

In der Küche lässt der Regenwurm sich mit dem ganzen Körper in den Abfluss gleiten. Als er wieder auftaucht, hat er den roten Quirl, die Schöpfkelle, mehrere Kochlöffel und eine verrostete Saftpresse dabei.

„Ihr solltet kaputte Sachen nicht einfach in den Abfluss werfen", sagt der Regenwurm. „Kein Wunder, dass er dann verstopft."

„Aber er war doch schon verstopft!", rufen die Blattläuse beleidigt.

„Wir wollten ihn mit den Sachen reparieren!"

„Wir haben nicht geworfen, das ist alles einfach reingefallen."

„Ach so", sagt der Regenwurm, „das kann natürlich passieren. Ich sehe noch einmal weiter unten nach."

Er verschwindet und ist lange Zeit nicht zu sehen. Dann blubbert es im Abfluss, und das Wasser läuft langsam ab. Hirschkäfer und Blattläuse blicken gespannt nach unten.

„Hoffentlich ist ihm nichts passiert", flüstert die kleinste Blattlaus dem Hirschkäfer zu.

„Das glaube ich nicht", antwortet der Hirschkäfer leise. „Er lebt doch unter der Erde und kennt sich dort aus."

„Trotzdem", sagt die Blattlaus und rückt noch etwas näher an den Hirschkäfer heran.

„So", sagt der Regenwurm und kommt durch die Küchentür. „Das läuft doch schon wieder besser."

„Wo kommst du denn her?", fragt der Hirschkäfer und lacht erleichtert.

„Ich musste eine Umleitung graben", sagt der Regenwurm. „Das wird ein paar Tage halten. Eine richtige Reparatur ist das aber noch nicht."

„Und kannst du den Abfluss richtig reparieren?", fragt der Hirschkäfer.

„Ja", sagt der Regenwurm, „aber das wird ziemlich aufwendig."

Er macht für den Hirschkäfer und die Blattläuse eine Zeichnung im Sand vor der Küchentür und erklärt, was kaputt ist und wo man graben könnte. Dabei benutzt er Wörter wie ‚Kontrollschacht', ‚Überlaufventil' und ‚Zapfen-Verflunscher', die der Hirschkäfer nicht ganz genau versteht. Dass das Abflussrohr einen Riss hat, versteht er jedoch sofort. Und dass eine Menge Erde dort reingerutscht ist. Außerdem versperrt weiter unten eine Wurzel den Weg.

„Dann müsste ich das Rohr neu mit Lehm und Eichenblättern auskleiden", sagt der Regenwurm. „Und ihr dürftet an dem Tag den Abfluss nicht benutzen, damit sich alles gut verbindet und das Wasser den frischen Lehm nicht gleich wieder hinausspült."

„Okay", sagt der Hirschkäfer. „Ich kann den Imbiss für einen oder zwei Tage schließen. Das geht schon."

„Am Donnerstag könnte ich kommen", sagt der Regenwurm.

„Prima", sagt der Hirschkäfer. „Dann bis Donnerstag."

„Bis Donnerstag", sagt der Regenwurm, aber er macht keine Anstalten, sich einzugraben. Er windet sich nachdenklich hin und her.

„Ist Donnerstag doch nicht gut?", fragt der Hirschkäfer.

„Nein", sagt der Regenwurm. „Es ist nur … Ich habe da hinten etwas gesehen … an einem Tisch …"

„Meinst du Grille und Nachtfalter?", fragt der Hirschkäfer. „Sie wollen ein Konzert veranstalten."

„Nein", sagt der Regenwurm, „ich meine den Schmetterling. Ist er wirklich ein Detektiv?"

Zittos erster Fall

„Hallo, Zitto", sagt der Hirschkäfer, „der Regenwurm hier braucht die Hilfe eines Detektivs."

„Oho!", sagt der Zitronenfalter und flattert vor Aufregung kurz von seinem Bürostuhl. Dann setzt er sich schnell wieder ordentlich hin. Der Regenwurm soll nicht merken, dass er sein erster Auftraggeber ist. Oder genauer gesagt: hoffentlich bald sein erster Auftraggeber wird.

„Setz dich, bitte", sagt der Zitronenfalter. „Was kann ich für dich tun?"

Der Regenwurm setzt sich. Das heißt, er rollt seine obere Hälfte auf dem Stuhl zusammen und lässt den übrigen Teil seines Körpers hinunterbaumeln.

„Die Sache ist etwas kompliziert", sagt der Regenwurm.

„Erzähl mir alles", sagt der Zitronenfalter und strahlt. So glücklich hat er nicht mehr ausgesehen, seit er das Detektivbüro auf der Lichtung eröffnet hat.

„Dann lasse ich euch beide wohl besser mal allein", sagt der Hirschkäfer. Er ist zwar neugierig, aber auf dem Schild des Detektivbüros steht „Geheimnisse willkommen – Diskretion garantiert". Und das bedeutet schließlich, dass die Geheimnisse, die Zitto zu hören bekommt, kein anderer erfahren soll.

„Bleib doch noch", sagt der Regenwurm, der das Schild auch gelesen hat. „Geheimhaltung hilft in meinem Fall gar nichts. Ich suche nämlich jemanden. Das geht besser, wenn viele Leute Bescheid wissen."

„Darf der Mistkäfer auch zuhören?", fragt der Hirschkäfer. „Er hat gute Ideen."

„In Ordnung", sagt der Regenwurm. Zitto winkt den Mistkäfer heran.

Der Mistkäfer versteht sofort, dass er hier nur als Zuhörer dabei sein darf. Er nickt Zitto und dem Regenwurm zu und setzt sich wortlos auf einen Fichtenzapfen.

„Wen suchst du denn?", fragt der Zitronenfalter.

Der Regenwurm schlingt den unteren Teil seines Körpers um die Stuhlbeine. „Na ja", sagt er, „das ist eben das Komplizierte: Ich suche sozusagen mich selbst."

Der Hirschkäfer setzt sich neben den Mistkäfer. Das wird sicher eine längere Geschichte.

Der Detektiv blinzelt. „Wie meinst du das?", fragt er.

„Wisst ihr, was das ist?", fragt der Regenwurm und deutet auf eine Stelle ungefähr in der Mitte seines Körpers. Hier
wechselt die Haut des Regenwurms ihre Farbe. Sie ist heller
und weniger braun, eher rosa.

„Sonnenbrand?", fragt der Mistkäfer. Mit Haut kennt er sich
nicht aus, aber von Sonnenbrand hat er schon gehört.

„Eine Narbe?", schlägt der Zitronenfalter vor.

Der Regenwurm nickt anerkennend. „So ungefähr. Das ist
im Frühling passiert. Einer der ersten warmen Tage. Es hat ge-
regnet. Ich bin aus der Erde gekrochen und habe eine Weile
den Tropfen zugehört. Dann merke ich, dass mich ein Vogel
beobachtet."

„Was ist passiert?", flüstert der Zitronenfalter.

33

„Ich habe mich kopfüber in die Erde gestürzt, aber der Vogel hat noch ein Stück von mir zu fassen bekommen und versucht mich wieder hervorzuziehen. Ich habe mich hin und her gewunden, aber es half nichts. Also habe ich einen Teil von mir abgeschnürt und bin mit dem vorderen Ende geflüchtet. Wir Regenwürmer können das. Den hinteren Teil habe ich zurückgelassen."

„Oh", sagt der Hirschkäfer, „das muss schrecklich gewesen sein."

„Ja", sagt der Regenwurm und schluckt. „Ich wollte eigentlich gleich nachsehen, was aus dem anderen Teil von mir geworden ist, aber ich bin richtig krank geworden. Ich habe mich versteckt und konnte mich kaum bewegen. Dann ist ganz langsam das verlorene Stück von mir nachgewachsen. Man kann immer noch sehen, an welcher Stelle ich geteilt wurde."

„Und jetzt möchtest du, dass ich das verlorene Ende für dich wiederfinde?", fragt der Zitronenfalter.

„Ja", sagt der Regenwurm. „Es könnte dem Vogel doch vielleicht entwischt sein. Wenn es auch wieder zu einem ganzen Regenwurm nachgewachsen ist, bin ich also vielleicht zwei Regenwürmer und weiß es gar nicht."

Der Hirschkäfer reibt sich die Stirn und überlegt, ob das möglich sein kann.

Der Zitronenfalter schweigt eine Weile. Dann sagt er behutsam: „Du weißt aber … Na ja, ich meine, du weißt schon, dass wir vielleicht herausfinden, dass der Vogel das Stück von dir einfach aufgefressen hat, oder?"

„Ja", sagt der Regenwurm, „ich weiß. Die anderen Würmer sagen das auch. Aber ich wüsste es eben gern genau. ‚Vielleicht' und ‚wahrscheinlich' reicht mir nicht, wenn irgendwo unter der Erde ein Regenwurm leben könnte, der genauso ist wie ich. Ich muss nach ihm suchen."

Der Zitronenfalter nickt bedächtig. „Das ist wirklich ein außergewöhnlicher Fall."

Der Hirschkäfer denkt nach. Ein Ur-Ur-Urgroßonkel des Mistkäfers soll im Kampf mit einer Amsel ein Bein verloren haben. Die Geschichte wurde im ganzen Wald erzählt, und das Bein ist nicht nachgewachsen. Der Hirschkäfer ist sich ziemlich sicher, dass aus einem halben Hirschkäfer kein ganzer werden kann. Es schaudert ihn bei der Vorstellung. Aber ein Regenwurm ist eben kein Käfer.

„Gibt es unter der Erde noch mehr Regenwürmer, bei denen ein Stück nachgewachsen ist?", fragt der Mistkäfer.

„Einige", sagt der Regenwurm. „Aber den Richtigen habe ich nicht gefunden."

Der Detektiv lächelt. „Ich übernehme den Fall", sagt er. „Wenn es diesen Wurm tatsächlich gibt, werde ich ihn für dich finden."

Die Blattläuse haben eine Idee

Der Hirschkäfer schläft länger als gewöhnlich. Gestern ist es spät geworden am Hirschkäfer-Grill. Bis tief in die Nacht haben dort die verschiedenen Insekten gesungen, trompetet und mit Cocktailgläsern jongliert. Alle wollen in der Show von Nachtfalter und Grille auftreten. Ein berühmter Künstler ist aber nicht dabei gewesen. Das Zuhören hat trotzdem Spaß gemacht. Deshalb hat nicht nur der Mistkäfer lange mit dem Hirschkäfer zusammengesessen – auch die übrigen Gäste sind geblieben und haben bei einem Glas Blattlausbier den Auftritten der anderen gelauscht. Erst als sämtliche Mitglieder der Familie Borkenkäfer gleichzeitig aus der alten Eiche gekrabbelt kamen, um sich über die Ruhestörung zu beschweren, musste der Hirschkäfer-Grill geschlossen werden.

Jetzt scheint die Sonne, doch die meisten Bewohner der Lichtung schlafen noch. Aus der alten Eiche dringt das leise Schnarchen der Borkenkäfer. Den Ameisen hat der Hirschkäfer zwar eben schon ein Glas Blattlausbier und die üblichen Tautropfen serviert, aber auch an ihrem Stammtisch herrscht schläfrige Stimmung. Statt Pläne zum Sturz der Ameisenkönigin zu schmieden, wird nur gegähnt. Der Hirschkäfer sitzt hinter seinem Tresen, lässt sich von der einfallenden Morgensonne wärmen und rührt in einer Tasse Brennnesseltee, bis irgendwann der Mistkäfer und die Blattläuse um die Ecke des Imbisswagens biegen.

„Hallo, Hicks", sagt der Mistkäfer.

„Guten Morgen", sagt der Hirschkäfer. „Habt ihr euch verabredet?"

„Nein", sagt der Mistkäfer und lacht. „Ich hatte einfach Lust auf ein gutes Frühstück."

„Wir haben uns was überlegt", meldet sich die kleinste der Blattläuse zu Wort.

„Du musst doch demnächst den Imbiss schließen", ergänzt die nächste. „Wenn der Regenwurm den Abfluss repariert."

„Donnerstag", sagt der Hirschkäfer. „Der Tausendfüßler kommt auch noch mal und tauscht die Zahnräder am Speisenaufzug."

„Genau", sagt die kleinste Blattlaus. „Und weil wir da nicht in unsere Küche dürfen, wollen wir einen Ausflug machen. Mit dir."

„Ausflug, Ausflug, Ausflug", rufen die Blattläuse von hinten.

Der Hirschkäfer staunt. Die Blattläuse haben noch nie einen Ausflug gemacht. Oder auch nur davon geredet. Außer man zählt ihren unfreiwilligen Besuch auf dem Waldparkplatz mit. Aber das war eher eine Entführung. Der Hirschkäfer hat erwartet, dass sie sich danach erst recht nicht mehr aus ihrer Küche hinauswagen würden. Offenbar hat er sich geirrt.

„Wo wollt ihr denn hin?", fragt er neugierig.

„Auf einen Baum!"

„Zur Obstwiese!"

„In einen Garten!"

„Ans Meer!"

„Nach Brasilien!"

„Wir wissen es noch nicht genau", gibt die erste Blattlaus zu. „Hauptsache irgendwohin, wo wir noch nie waren! Und du musst natürlich mitkommen!"

„Selbstverständlich komme ich mit", sagt der Hirschkäfer.

„Und ich auch", sagt der Mistkäfer. „Also, das heißt: wenn ihr mich mitnehmt."

„Ja, Mistkäfer!", rufen die Blattläuse.

Der Hirschkäfer strahlt. „Dann schreibe ich gleich ein Schild: DONNERSTAG GESCHLOSSEN WEGEN BETRIEBS-AUSFLUG."

„Wir machen das Schild!", rufen die Blattläuse und wuseln davon.

Während die Blattläuse sich mit viel Farbe ans Werk machen, nimmt der Hirschkäfer Bestellungen fürs Mittagessen entgegen. Die Schnecke möchte einen kleinen Salat, der Brummer den doppelten Mistburger, und die Feuerwanzen ordern ihr Pilz-Chili extra-scharf. Aber egal, was die Gäste essen, das Gesprächsthema ist bei allen dasselbe: das Konzert auf der Waldlichtung. Der Hirschkäfer erfährt, dass der Brummer im Vorprogramm mit seiner singenden Säge auftreten wird. Dafür hilft er die Eintrittskarten der Konzertbesucher abzureißen. Die Feuerwanzen haben einen Kurzauftritt mit ihren Banjos und kümmern sich um den Brandschutz. Auch anderen Insekten haben Nachtfalter und Grille kleine Auftritte versprochen, wenn sie bei den Konzertvorbereitungen helfen. Nur wer als Star des Abends im Hauptprogramm auftritt, ist noch geheim. Das sagt jedenfalls die Grille, als sie kurz darauf mit dem Nachtfalter am Tresen Platz nimmt.

„Heißt das, ihr habt noch niemanden gefunden?", erkundigt sich der Hirschkäfer.

„Wir arbeiten daran", sagt der Nachtfalter.

„Jedenfalls wird es ein großer Star und eine Überraschung", sagt die Grille.

Die Blattläuse, die gerade das Schild mit dem Betriebsausflug befestigen, wirken beeindruckt.

„Wer ist es?", fragt eine der Mutigeren.

„Wir sagen es auch nicht weiter", piepst eine andere.

Die Grille sieht sehr zufrieden aus, der Nachtfalter blickt nachdenklich auf das Schild.

„Ihr wollt also einen Betriebsausflug machen?", fragt er.

„Ja", sagt der Hirschkäfer. „Wir müssen sowieso für einen Tag schließen. Wegen der Reparaturen in unserer Küche."

„Wo wollt ihr denn hin?", fragt der Nachtfalter.

„Das wissen wir noch nicht genau", sagt der Hirschkäfer. Er überlegt, ob der Nachtfalter vielleicht irgendeinen Unsinn am Hirschkäfer-Grill vorhat und sichergehen will, dass der Hirschkäfer weit weg ist.

Die Blattläuse sind nicht so misstrauisch. „Wir wollen nach Brasilien", sagt eine.

„Oder auf die Obstwiese", sagt eine andere.

„Das klingt, als könntet ihr Hilfe bei der Planung gebrauchen", sagt der Nachtfalter. „Die Grille und ich sind zufällig die besten Ausflugsplaner weit und breit."

Die Grille schaut erstaunt. Offenbar hat sie keine Ahnung, worauf der Nachtfalter hinauswill. Der Hirschkäfer leider auch nicht. Aber dass der Nachtfalter etwas im Schilde führt, da ist er sich sicher.

„Von Brasilien würde ich abraten", fährt der Nachtfalter fort. „Die Obstwiese ist genau das Richtige für euch. Herrlich! Sie

wird euch bestimmt gefallen! Die Grille und ich könnten euch hinbringen. Wir machen eine romantische Bootsfahrt. Ihr müsst euch um nichts kümmern."

Die Blattläuse fangen vor Aufregung an zu hüpfen.

„Sollen wir, Hicks? Sollen wir?"

„Das wird ein Tag, den ihr euer Leben lang nicht vergesst!", sagt der Nachtfalter.

Der Hirschkäfer reibt sich die Stirn. Er will den Blattläusen nicht den Spaß verderben und an einen Ausflug auf die Obstwiese hatte er selbst schon gedacht. Aber unter der Führung von Nachtfalter und Grille kommt ihm selbst die Obstwiese unberechenbar vor.

„Die Obstwiese ist ein guter Vorschlag", gibt der Hirschkäfer zu. „Aber müsst ihr beiden euch nicht um euer Konzert kümmern? Da gibt es doch sicher viel zu tun?"

„Das machen doch alles unsere freiwilligen Helfer", sagt die Grille.

„Über die wollten wir auch noch mit dir sprechen", sagt der Nachtfalter.

Die Fühler des Hirschkäfers fangen an zu kribbeln. Jetzt wird er gleich erfahren, warum der Nachtfalter so überraschend Hilfe angeboten hat.

„Wir haben unseren Unterstützern kostenlose Verpflegung am Konzertabend versprochen", sagt der Nachtfalter. „Wir wollen schließlich niemanden ausnutzen. Wenn euch der Ausflug gefällt, könntet ihr euch ja mit einem kleinen Büfett erkenntlich zeigen."

Bevor der Hirschkäfer auch nur über eine Antwort nachdenken kann, haben die Blattläuse entschieden.

„Wir backen Honigkuchen."

„Wir machen Blattlausbier."

„Wir fahren zur Obstwiese!"

Ermittlungen aller Art

Der nächste Tag ist kein richtiger Sommertag. Der Himmel über dem Hirschkäfer-Grill bleibt grau, und ab und zu kommt ein Windstoß und weht den Gästen das Essen von den Tellern. Der Zitronenfalter kommt ständig vom Kurs ab, während er von Tisch zu Tisch flattert, um die Gäste zu befragen. Das Papier mit der großen Zeichnung des Regenwurms, das er dabei hält, knattert im Wind.

„Habt ihr diesen Wurm schon mal gesehen?"

Assel und Schnecke betrachten das Bild eingehend.

„Ja!", ruft die Assel aufgeregt. „Der hat sich doch neulich hinter der Küche vom Hirschkäfer rumgetrieben."

„Er arbeitet für den Hirschkäfer", weiß der Brummer vom Nachbartisch und fügt hinzu: „Mir kam er aber gleich zwielichtig vor."

„Was hat er ausgefressen?", fragt die Schnecke.

„Gar nichts", sagt der Zitronenfalter und überlegt, dass er vielleicht doch nicht einfach nur „GESUCHT" über die Regenwurmzeichnung schreiben sollte. Dann erklärt er, was es mit der Suche nach dem Regenwurm auf sich hat.

„Ach, der arme Wurm", sagt die Assel. „Die Vögel werden wirklich immer schlimmer."

„Ich suche auch Augenzeugen, die sachdienliche Hinweise

zum Tathergang haben", sagt der Zitronenfalter. „Ich meine: Vielleicht hat jemand den Vogelangriff gesehen und weiß, ob die andere Hälfte des Regenwurms dem Vogel entkommen ist."

„Die Sache mit dem Regenwurm habe ich nicht gesehen", sagt die Assel. „Aber über Vögel kann ich dir was erzählen: Vor ein paar Tagen hat mir einer den Schlafzimmerteppich gestohlen!"

„Ein Vogel war in deinem Schlafzimmer?", fragt der Zitronenfalter überrascht.

„Zum Glück nicht", sagt die Assel, „wer weiß, was er sonst noch alles mitgenommen hätte! Nein, ich hatte den Teppich gewaschen und dann zum Trocknen auf einen Stein in die Sonne gelegt. Tja, und dann kommt dieses Untier und nimmt ihn einfach mit! Ich konnte gar nichts machen."

„Warum hast du mir das nicht schon eher erzählt?", fragt Zitto. „Das ist doch ein Fall für einen Detektiv!"

„Was willst du denn unternehmen?", schaltet sich die Schnecke ein. „Ein Schmetterling kann doch keinen Vogel fangen."

„Das vielleicht nicht", gibt der Zitronenfalter zu. „Aber den Teppich darf der Dieb trotzdem nicht behalten! Mir wird schon was einfallen."

„Wenn ich den wiederbekäme", seufzt die Assel, „das wäre schön! Aber …", fügt sie hinzu, „mach nichts Gefährliches!"

„Keine Sorge", versichert der Zitronenfalter, dem bereits jede Menge Ideen zur Rückeroberung des Teppichs durch den Kopf schwirren. Eine gefährlicher als die andere. „Komm nachher in mein Büro. Ich brauche eine genaue Beschreibung des Vogels, wir fertigen ein Protokoll an. Jetzt muss ich mich erst mal um den vermissten Regenwurm kümmern."

Doch auch keiner der anderen Gäste hat etwas beobachtet. Schließlich fliegt der Zitronenfalter für eine Ermittlungspause zum Hirschkäfer an den Tresen. Dort sitzt auch schon der Mistkäfer. Ausnahmsweise nicht bei einem Mistburger, sondern vor einer Portion Brennnessel-Rouladen. Die Rouladen sind eine neue Erfindung des Hirschkäfers, und es gibt sie wahlweise mit Mist- oder mit Pilzfüllung. Für den Mistkäfer eine leichte Entscheidung.

„Ich habe gehört, ihr macht einen Ausflug mit Grille und Nachtfalter", sagt der Zitronenfalter. „Das nenne ich mutig."

„Der Mistkäfer nennt es verrückt", sagt der Hirschkäfer.

"‚Komplett übergeschnappt' habe ich gesagt", verbessert der Mistkäfer. „Aber das Verrückteste kommt erst noch: Hicks gibt allen Insekten, denen Grille und Nachtfalter Versprechungen gemacht haben, ein großes Essen aus."

„Das Verrückteste", sagt der Hirschkäfer gutmütig, „ist, dass du dich bereit erklärt hast, uns zu begleiten!"

Der Mistkäfer lacht. „Das stimmt allerdings."

„Was machen denn deine Ermittlungen in Sachen Regenwurm, Zitto?" fragt der Hirschkäfer.

„Ich wollte überall Zettel aufhängen", sagt der Zitronenfalter. „Aber ich muss die Überschrift ändern. ‚GESUCHT' bringt die Leute auf falsche Gedanken."

„Wie wäre es mit ‚VERMISST'?", schlägt der Hirschkäfer vor. „Das klingt dann nicht so, als ob der Regenwurm irgendwas angestellt hat."

„Schon besser", findet der Zitronenfalter. „Was haltet ihr von ‚ZWILLING VERMISST'? Dann wissen alle, dass es um zwei Würmer geht."

„Ist man ein Zwilling, wenn man sich in zwei Hälften teilt?", fragt der Mistkäfer.

„Ich glaube schon", meint der Hirschkäfer. „Wenn aus beiden Hälften wieder ein Wurm wächst, ist das doch wie ein Zwillingsbruder, oder? Außerdem kann Zitto ja schlecht ‚HINTERE HÄLFTE VERLOREN' auf das Plakat schreiben."

„‚VERMISSTER POPO GESUCHT'", kichert der Mistkäfer.

Der Zitronenfalter setzt ein strenges Detektivgesicht auf, aber seine Mundwinkel zucken.

„'tschuldigung", sagt der Mistkäfer, „war nur Quatsch. ‚ZWILLING VERMISST' ist gut."

Der Zitronenfalter nimmt einen Stift und schreibt den Titel in roten Buchstaben über die Zeichnung vom Regenwurm.

„Davon mache ich noch mehr, und dann schreibe ich dazu, dass alle, die etwas über den halben Wurm oder den Vogel wissen, sich bei mir melden sollen. Schwierig wird nur das Aufhängen der Zettel."

„Wieso das?", fragt der Mistkäfer.

„Der verlorene Wurm ist wahrscheinlich unter der Erde", sagt der Zitronenfalter. „Ich weiß nicht, wie ich da hinkomme."

„Vielleicht können die Ameisen dir helfen?", schlägt der Hirschkäfer vor. „Die kennen sich unter der Erde genauso aus wie darüber."

Die Ameisen haben ihren Stammtisch etwas abseits, verborgen unter einem großen Blatt. Nicht, weil sie dort an einem Tag wie diesem vor dem Wind geschützt sind, sondern um den Blicken der Ameisenkönigin zu entgehen. Die sieht es nämlich gar nicht gern, wenn Ameisen herumsitzen und reden anstatt zu arbeiten. Und wenn die Königin wüsste, worüber am Stammtisch der Geheimen Ameisen-Gruppe – kurz GAG genannt – jeden Tag debattiert wird, bekäme sie sofort einen ihrer gefürchteten Wutanfälle. Mindestens!

„Die Ameisenkönigin muss weg!", poltert Ameise 3.037.

„Wir müssen sie endlich verjagen!", ruft Ameise 2.276.

„Ich finde ja", sagt 83 und macht einen Vorschlag, den der Hirschkäfer noch nicht gehört hat, „wir sollten abhauen!"

„Genau!", sagt 4.444. „Wir gründen unseren eigenen Ameisenstaat! Soll die Ameisenkönigin doch sehen, wie sie ohne uns klarkommt."

„Jetzt fangt nicht wieder damit an", knurrt 3.037, für die die Idee offenbar nicht neu ist. „Das ist doch Unsinn! Wir bleiben! Die Königin muss weg!"

„Psst, nicht so laut", zischt 692, denn jetzt stehen Hicks, Mist und der Zitronenfalter vor dem Stammtisch. Das Zischen wäre trotzdem nicht nötig. Die drei wissen längst über die Pläne der Ameisen Bescheid.

„Lass mal, 692", sagt 512, die Ameise, die der Hirschkäfer am liebsten mag. „Was gibt's denn, Hicks?"

„Zitto könnte eure Hilfe gebrauchen", sagt der Hirschkäfer.

„Wir haben euren Regenwurm nicht gesehen", sagt 3.037. „Das haben wir dem Zitronenfalter doch schon gesagt."

„Ich weiß", sagt der Zitronenfalter. „Ich wollte euch nur fragen, wie ich unter der Erde Plakate aufhängen kann."

„Die Ameisenkönigin erlaubt keine Plakate", sagt 2.276.

„Ich denke", sagt 512 langsam, „wir GAG-Ameisen könnten uns auch ohne Plakate im Ameisenbau umhören."

„Außerhalb des Ameisenhügels könnten wir schon ein paar aufhängen", überlegt 4.444. „Unter den Wurzeln der alten Eiche. Oder in der ‚Bar zum Ameisenlöwen'. Da wollte ich schon immer mal hin."

„Das wäre toll. Ich bringe euch welche vorbei", sagt Zitto. „Abgemacht?"

„Abgemacht", sagt 512.

Der Betriebsausflug der Blattläuse

Der Donnerstag beginnt mit perfektem Ausflugswetter. Sonnenstrahlen wärmen die Lichtung und wecken den Hirschkäfer. Diesmal ist er sogar schon mit dem Frühstück fertig, als der Tausendfüßler auf die Lichtung stolpert.

„Guten Morgen", ruft der Hirschkäfer.

„Morgen", antwortet der Tausendfüßler und zieht ächzend seine Werkzeugtasche hinter sich her. Er scheint längst nicht so guter Laune zu sein wie bei seinem letzten Besuch.

„Alles in Ordnung?", fragt der Hirschkäfer.

„Schlecht geschlafen", brummt der Tausendfüßler. „Mit dem falschen Fuß aufgestanden."

Mit den Füßen des Tausendfüßlers scheint tatsächlich etwas nicht zu stimmen. Er bewegt sie nicht in der üblichen eleganten Wellenbewegung, sondern tritt sich andauernd selbst auf die Zehen. Vielleicht liegt es daran, dass der Tausendfüßler seine Spezial-Arbeitsschuhe links am vorletzten Fuß trägt und rechts am letzten. Der Hirschkäfer überlegt, ob er ihn danach fragen soll oder ob der Tausendfüßler dann noch schlechtere Laune bekommt.

„Guten Morgen", erklingt die freundliche Stimme des Regenwurms.

„Guten Morgen, Regenwurm", sagt der Hirschkäfer.

„Na, auch aufgewacht?", bellt der Tausendfüßler und klingt schon wieder mehr wie er selbst. „Dann wollen wir uns die Küche mal vornehmen, was?!"

Die Blattläuse, die schon reisefertig auf dem Tresen des Hirschkäfer-Grills sitzen, werfen dem Hirschkäfer besorgte Blicke zu.

„Nur den Abfluss und den Speisenaufzug", erinnert der Hirschkäfer die beiden. „Alles andere kann bleiben, wie es ist."

„Alles klar", sagt der Tausendfüßler. „Überlasst das mal den Profis."

Dann zerrt er seine Werkzeugtasche weiter Richtung Küche. Nicht ohne dabei noch einmal über seine eigenen Füße zu stolpern. Die Grille, die mit großen Sätzen zum Imbisswagen hüpft, kann ihm gerade noch ausweichen.

„Hupsala", sagt die Grille und sortiert ihre langen Beine. Der Nachtfalter landet flatternd neben ihr und strahlt in die Runde. „Bereit für den besten Ausflug der Welt?!"

Dem Hirschkäfer kribbeln die Fühler. Kein gutes Zeichen. Die Blattläuse hüpfen vor Vergnügen auf und ab.

„Jetzt setzt sich erst mal jeder eine Mütze auf", sagt die Grille und verteilt rote Mützen aus einem Beutel. „Dann sehen alle, dass ihr zu unserer Gruppe gehört."

„Habt ihr die extra für uns gemacht?", fragt der Hirschkäfer erstaunt.

„Nein", sagt die Grille. „Die Spinne hat sie für uns gehäkelt. Dafür lassen wir sie bei unserem Konzert ein Stück auf ihrer Zither spielen."

„Die Mützen müsst ihr nach dem Ausflug wieder abgeben", fügt der Nachtfalter hinzu. „Die sind eigentlich für unsere Konzerthelfer."

Die Blattläuse greifen begeistert zu und auch der Hirschkäfer nimmt sich eine. Sofort kleben die Mützen an den Köpfen fest.

„Total praktisch", sagt der Nachtfalter. „Man kann sie nicht verlieren."

Der Hirschkäfer versucht seine Mütze zurechtzurücken, stellt aber fest, dass das nicht geht.

„Doppelfadensystem", erklärt die Grille.

Davon hat der Hirschkäfer schon gehört. Die Spinne benutzt es auch für ihre Netze: Einige Fäden sind klebrig, um Insekten zu fangen, die übrigen Fäden kleben nicht. An ihnen klettert die Spinne entlang. Wer einmal in ihr Netz geraten ist, kommt nicht mehr so leicht frei. Außer er kauft der Spinne eine größere Anzahl ihrer Mützen, Schals und selbstgehäkelten Tischdecken ab. Kaum ein Bewohner der Lichtung, der nicht einen Stapel ihrer bunten Erzeugnisse in seinem Schrank hat. Der

Hirschkäfer würde die Mütze gern wieder abnehmen, aber sie sitzt bombenfest. Wenigstens befinden sich die Klebefäden nur innen, sodass man nicht dauernd an niedrigen Zweigen festklebt.

Der Mistkäfer hat mehr Glück. Als er am Imbiss ankommt, sind bereits alle Mützen verteilt.

„Tut mir leid, Mistkäfer", sagt der Nachtfalter. „Wir wussten nicht, dass du auch mitkommst."

„Du kannst meine haben", sagt der Hirschkäfer. „Falls du es irgendwie schaffst, sie von meinem Kopf abzukriegen."

„Nein danke", sagt der Mistkäfer und grinst. „Nicht gerade Mützenwetter heute."

Damit hat er recht. Noch steht die Sonne niedrig am morgendlichen Himmel, aber man kann bereits spüren, dass es ein heißer Tag wird.

„Wir sollten aufbrechen", sagt der Nachtfalter. „Unterwegs erzähle ich euch dann, was uns Tolles erwartet."

„Folgt einfach unseren Blättern", sagt die Grille. Sie zieht für sich und den Nachtfalter je ein großes Ahornblatt hervor. Die halten die beiden über ihre Köpfe. So kann man sie von Weitem sehen. Und ein guter Sonnenschutz sind die Blätter auch.

Die rotbemützte Karawane setzt sich in Bewegung. Es geht über Mooshügel, durch Brombeergestrüpp und Farn immer tiefer in den Wald hinein. Die meisten der 223 Blattläuse sind hier noch nie gewesen. Glücklich hopsen sie hinter Grille und Nachtfalter her. Ab und zu bleibt eine Blattlaus abrupt stehen, um die unbekannte Landschaft zu bestaunen. Dann stolpern die hinteren Läuse in sie hinein, und für kurze Zeit bildet sich ein Blattlausknäuel. Hirschkäfer und Mistkäfer gehen am

Schluss der Gruppe und passen auf, dass dabei keine Blattlaus verloren geht.

„Die roten Mützen waren gar keine so schlechte Idee", meint der Mistkäfer und hebt eine verirrte Blattlaus auf seine Schulter.

„Ja", gibt der Hirschkäfer zu. „Ich wünschte bloß, die Dinger wären nicht so warm."

„Da vorn ist der Bach", sagt der Mistkäfer, „da können wir uns abkühlen."

Tatsächlich sitzen Grille und Nachtfalter schon mit den ersten Blattläusen am Ufer und lassen die Beine ins Wasser baumeln. Der Hirschkäfer holt für alle Honigkuchen aus der hohlen Eichel, die er sich wie einen Rucksack auf den Rücken geschnallt hat. Der Ausflug macht Spaß. Eine Weile schauen alle genüsslich schmatzend dem Bach beim Fließen zu, dann schildert der Nachtfalter das weitere Programm.

„Nachdem sich alle gestärkt haben, besteigen wir gemeinsam unser gemütliches Ausflugsboot, den sturmerprobten ‚Braunen Bären'." Er deutet auf ein Stück Baumrinde, das mit einem Grashalm am Ufer vertäut ist.

„Sturmerprobt?", flüstert der Mistkäfer dem Hirschkäfer zu und kichert.

„Das heißt wahrscheinlich: beim letzten Sturm vom Baum geweht", flüstert der Hirschkäfer zurück.

Die Grille räuspert sich, aber der Nachtfalter lässt sich nicht beirren. „Wir genießen die romantische Bootsfahrt. Spiel- und Spaßprogramm sind vorbereitet."

„An der Obstwiese steigen wir aus und erreichen nach einem circa halbstündigen Spaziermarsch die Teestube der

Heuschrecke", fährt die Grille fort, „die uns mit einem maß-
geschneiderten Überraschungsmenü erwartet."

„Kostenlos!", ergänzt der Nachtfalter. „Und nach einem ex-
klusiven Unterhaltungsprogramm mit tollen Einkaufsmög-
lichkeiten folgen zehn Minuten Freizeit für alle."

„Da könnt ihr die Obstwiese erkunden oder an einer lecke-
ren Fallobst-Verkostung teilnehmen", schlägt die Grille vor.
„Danach wandern wir alle gemeinsam zurück zum Boot, und
der ‚Braune Bär' bringt uns bequem und sicher zurück in unseren schönen Wald."

Hirschkäfer und Mistkäfer sehen sich verblüfft an. „Zehn
Minuten Freizeit? So einen Ausflug haben wir noch nie gemacht, oder?", sagt der Hirschkäfer.

„Nie", bestätigt der Mistkäfer. „Wer weiß, was heute noch
alles passiert …"

Wildwasser

„Willkommen an Bord", ruft der Nachtfalter und balanciert geschickt auf der schwimmenden Baumrinde. Die Grille hilft allen beim Einsteigen und zeigt ihnen, wo sie sitzen sollen. Dann drückt sie dem Hirschkäfer und dem Mistkäfer je einen dicken Stock in die Hand.

„Wofür ist der denn?", fragt der Mistkäfer.

„Damit stoßt ihr uns vom Ufer ab und paddelt", sagt die Grille. Immerhin nimmt sie sich selbst auch einen.

„Das macht Spaß", sagt der Nachtfalter. „Ihr werdet schon sehen."

Er löst den Grashalm, mit dem das Boot am Ufer festgemacht ist, und drückt es mit seinem eigenen Stock vom Ufer weg. Der Mistkäfer macht es ihm nach. Grille und Hirschkäfer, die auf der anderen Seite des Rindenstücks sitzen, paddeln kräftig drauflos. Der „Braune Bär" dreht sich unter großem Jubel der Blattläuse zwei Mal um sich selbst. Dann hat das Boot die Mitte des schmalen Baches erreicht und wird von der Strömung erfasst. Die Insekten nehmen die Stöcke aus dem Wasser und lassen sich treiben. Langsam zieht die Uferböschung vorüber. Wenn man sich auf den Bauch legt und über den Bootsrand ins Wasser schaut, kann man an sonnigen Stellen bis auf den Grund sehen. Trotz seiner orange-braunen Farbe ist das Wasser klar. Eine Weile beobachtet der Hirschkäfer eine tauchende Ruderwanze und ab und zu blickt er in das erstaunte Gesicht einer Mückenlarve.

„Wie es wohl wäre, unter Wasser zu leben?", sagt er nachdenklich.

Die Grille zuckt ratlos die Schultern. Sie macht sich lieber über praktische Dinge Gedanken. Zum Beispiel darüber, welches berühmte Insekt auf ihrem Konzert auftreten könnte. Bisher hat sich nämlich kein virtuoser Künstler gemeldet.

Der Mistkäfer, der sich bis zu diesem Moment damit beschäftigt hat, seinen Stock mal an der einen, mal an der anderen Seite des Boots ins Wasser zu halten, schaut über den Bootsrand.

„Du könntest einen Unterwasser-Imbiss eröffnen", sagt er, „und Algen-Burger servieren. Hm … allerdings ungegrillt. Feuer kannst du unter Wasser ja nicht machen. Burger-Brötchen könntest du auch nicht backen. Da wärst du bald pleite! Ich würde jedenfalls nichts bei dir essen."

„Wenn du ein Unterwasserkäfer wärst", sagt der Hirschkäfer, „dann fändest du ungekochte Algen in rohem Brötchenteig wahrscheinlich richtig lecker."

„Buähh!", sagt der Mistkäfer und schüttelt sich. „Was ich jetzt viel lieber hätte, wäre einer deiner Eisbecher."

„Oh ja", seufzt der Hirschkäfer, der unter seiner Mütze ordentlich schwitzt. Nach einem heftigen Hagelschauer im Frühjahr konnte man am Hirschkäfer-Grill einen wunderbaren Nachmittag lang große Eisbecher bestellen. Dafür hat der Hirschkäfer die Hagelkörner mit Fruchtsirup übergossen.

„Meiner war mit Erdbeere", sagt der Mistkäfer träumerisch. „Hey, Grille, Nachtfalter, wisst ihr noch? Ihr habt die ganzen Körner eingesammelt und wolltet eine Eisfabrik aufmachen!"

„Ja", sagt die Grille wenig begeistert, „weiß ich noch. Ist alles geschmolzen."

„Die Idee war trotzdem gut", sagt der Nachtfalter. „Das mit dem Schmelzen konnte schließlich keiner wissen."

Während alle ihren Erinnerungen nachhängen, bemerkt niemand, dass das Boot immer schneller wird. Die Gesichter der Mückenlarven kann man bei der Geschwindigkeit längst nicht mehr erkennen. Erst als ein Wasserläufer vom Uferrand aufgeregte Zeichen macht, merkt der Hirschkäfer, dass etwas nicht stimmt.

„Achtung! Da kommen Steine!", ruft der Hirschkäfer.

Weil der Bach schmaler wird und sich einem kleinen Abhang nähert, ist die Strömung plötzlich viel stärker als zu Beginn der Fahrt. Im Bachbett liegen einige große Steine, zwischen denen das Wasser nur so durchschießt.

„Schnell! Nehmt die Stöcke", ruft die Grille.

„Festhalten, Blattläuse!", rufen Hirschkäfer und Nachtfalter gleichzeitig.

Der Mistkäfer aber ist aufgesprungen und hält seinen Stock so ins Wasser, dass das Boot sich etwas dreht und das langsamer fließende Wasser am Rand erreicht. An Anhalten ist aber nicht mehr zu denken.

„Wir müssen lenken", sagt der Mistkäfer. „Wenn ich eure Namen rufe, haltet ihr euren Stock ins Wasser. Bei ‚Raus!' zieht ihr ihn raus."

Für weitere Erklärungen bleibt keine Zeit. Gut, dass der Mistkäfer schon im ruhigen Wasser ausprobiert hat, wie sich das Boot dreht, wenn man es an einer Seite mit dem Stock bremst. Unter seinen Kommandos „Hicks, Grille, Stock!", „Hicks, Grille, raus", „Nachtfalter, Stock", „Raus!", „Hicks, Grille!", „Nachtfalter!", „Raus, alle!" kommen sie fast ohne anzustoßen zwischen den ersten Steinen hindurch. Doch die Strömung wird immer schneller und die Fahrt immer wilder. Die Blattläuse kreischen. Grille, Nachtfalter und die beiden Freunde steuern, so gut sie können. Besonders gut ist das allerdings nicht. Als das Boot gegen einen Stein prallt, verliert die Grille das Gleichgewicht und rutscht ins Wasser. Das kleine Stück Baumrinde namens ‚Brauner Bär' wird von der Strömung weitergerissen. Der Hirschkäfer lässt seinen Stock fallen und fliegt zur Grille. Einzig ihre heftig strampelnden Beine ragen aus dem Wasser. Tatsächlich gelingt es dem Hirschkäfer, eines ihrer langen Hinterbeine zu fassen und sie aus den Fluten zu ziehen. Taumelnd landen sie auf dem ‚Braunen Bären‘ und klammern sich am Holz fest. Das Boot schießt zwischen zwei Steinen hindurch und springt einen kleinen Wasserfall hinunter. Dann ist der Spuk auf einmal vorbei. Sie haben den Rand der Obstwiese erreicht. Hier ist der Bach viel breiter, und das Wasser fließt – als wäre es nie anders gewesen – langsam und träge dahin. Der Hirschkäfer schüttelt sich benommen das Wasser aus den Flügeln.

„Ist bei euch alles in Ordnung?“, fragt er in die Runde.

Einen Moment ist Stille, dann brechen die Blattläuse in stürmischen Beifall aus. Einige besonders verwegene Läuse rufen „Noch mal!", „Wir wollen noch mal fahren!".

Der Hirschkäfer kratzt sich am Kopf. Damit hat er nicht gerechnet. Die Blattläuse reden aufgeregt durcheinander: „Bist du auch so nass wie ich?", „Zack, bumm, ich halt mich fest und dann …", „Wow", „Ich dachte, mir fliegt die Mütze weg", „Und dann, als die Grille so getan hat, als ob sie ertrinkt – total echt", „Zum Totlachen, Grille, du warst sooo cool!"

Die ziemlich zerknautschte Grille richtet sich auf und lacht. „Ja, was glaubt ihr, wie lange ich dafür geübt habe?!"

„Gehört alles zum Unterhaltungsprogramm", sagt der Nachtfalter und verbeugt sich. Er sieht sehr erleichtert aus. „Nach diesem ersten Programmhöhepunkt verlassen wir den ‚Braunen Bären' und setzen unseren Weg zu Fuß fort", erklärt er. „Die Heuschrecke erwartet uns bereits mit einem köstlichen Überraschungsmenü."

Nachtfalter und Mistkäfer haben noch ihre Stöcke. Damit paddeln und staken sie das Boot ans Ufer. Der Nachtfalter vertäut es an einem Löwenzahnstängel und hilft allen von Bord. Die Grille klettert als Letzte an Land und der Nachtfalter umarmt sie einen Moment lang, bevor er sich an seine Rolle als Reiseleiter erinnert. Anstelle des Ahornblattes vom Morgen trägt er ein Gänseblümchen als Erkennungszeichen. „Mir nach! Hab ich euch schon den Witz von der Spinne, dem Glühwürmchen und dem Bombardierkäfer erzählt? Also, der geht so …"

Die Teestube der Heuschrecke

Die Teestube der Heuschrecke liegt genau in der Mitte der Wiese. Mit ihrem Dach aus geflochtenem Gras könnte man sie leicht übersehen, wäre da nicht die Wolke aus an- und abfliegenden Insekten, die sich über ihr gebildet hat.

„Hallo, Hirschkäfer", ruft eine Biene im Landeanflug. „Was machst du denn hier?"

„Hallo, Bea", sagt der Hirschkäfer. „Wir machen heute einen Betriebsausflug."

Bea und ihre Kolleginnen sind Stammgäste im Hirschkäfer-Grill. Ein großer Tisch an einer der sonnigeren Stellen der Lichtung ist immer für sie reserviert.

„Ach so", sagt Bea und winkt der Ausflugsgesellschaft fröhlich zu. „Ich hatte mich schon gefragt, warum der Hirschkäfer-Grill heute geschlossen ist."

„Unsere Küche wird renoviert", erklärt der Hirschkäfer. Viel mehr kann er darüber nicht sagen, denn die Blattläuse drängeln sich nach vorn. Sie finden, dass der Hirschkäfer nur die langweiligen Sachen erzählt. Bald weiß Bea, die Biene, alles über den ‚Braunen Bären', den Wasserfall und wie die Grille plötzlich im Wasser gelandet ist. Bea macht große Augen und sagt an den richtigen Stellen „Oha" und „Nein, so was!" und „Wie aufregend!". Die Blattläuse sind mit ihr so zufrie-

den, dass sie ihr die Geschichte gleich noch ein zweites Mal erzählen.

„Wollt ihr euch nicht zu uns setzen?", fragt Bea. „Wir haben hier auch einen Stammtisch. Wenn wir noch Tische dazustellen, ist sicher für euch alle Platz."

„Klar", sagt der Hirschkäfer. „Gern."

„Folgt mir", sagt Bea und fliegt summend durch die offene Doppeltür in die Teestube. Auch innen ist alles aus geflochtenen Gräsern gemacht. Stühle, Tische, Wände und sogar der Fußboden. Nur die gehäkelten Tischdecken sind aus einem anderen Material: feinen Spinnenfäden. Die Sonne scheint durch die Lücken im Flechtwerk und taucht die Teestube in ein gelblich grünes Dämmerlicht. Wer hier zum ersten Mal eintritt, fühlt sich wie im Inneren einer Pflanze. Nur dass es anstelle von Blütenduft nach frischem Gebäck riecht.

Die Blattläuse bestaunen bereits die Kuchenauswahl, und der Mistkäfer beginnt einen freien Tisch hin zum Bienenstammtisch zu rücken, da hüpft die Heuschrecke aus der Küche.

„Nein, nein, nicht hier", begrüßt sie die Gäste. „Für Gruppen haben wir im Anbau Platz."

Die Blattläuse blicken enttäuscht zu den Bienen. Bea scheint Gedanken lesen zu können.

„Ich erzähle den anderen von eurem Boot", verspricht sie. „Und wenn ich nachher zurück zum Bienenstock fliege, halte ich nach dem ‚Braunen Bären' Ausschau."

„Dann also herzlich willkommen", sagt die Heuschrecke, nachdem sie alle durch einen schmalen Gang in einen Nebenraum bugsiert hat. „Macht es euch bequem. Ich bin gleich wieder da."

Der Anbau ist niedriger als die übrige Teestube und liegt direkt neben der Küche. Hirschkäfer und Blattläuse spähen neugierig um die Ecke. Eine fremde Küche ist immer interessant, aber die Heuschrecke zieht die Küchentür hinter sich zu. Die Tische im Anbau sind lange Tafeln aus grobem Holz mit Sitzbänken auf beiden Seiten. Tischdecken gibt es keine, aber Besteck für 226 Gäste ist bereits aufgedeckt. Das ist ein Gedeck zu wenig. Trotzdem gibt es keinen Streit. Messer und Gabeln haben die passende Größe für Mistkäfer, Grillen und ähnlich große Insekten. Für Blattläuse sind sie riesig. Wer jemals versucht hat, mit einem Besteck zu essen, das größer ist als er selbst, weiß, warum ein Streit darum sich nicht lohnt.

Kaum haben alle einen Sitzplatz gefunden, erscheint die Heuschrecke gefolgt von fünf schwer beladenen Blattwanzen in Spitzenschürzen. Sie bringen Gläser – glücklicherweise in zwei verschiedenen Größen – und Karaffen mit Butterblumensaft.

„Heute haben wir für euch ein tolles Überraschungsmenü vorbereitet", sagt die Heuschrecke, „mit typischen Wiesenspezialitäten für jeden Geschmack. Nach Vorspeise und Hauptgang gibt es ein kleines Unterhaltungsprogramm. Bei Tee und Gebäck könnt ihr schöne Andenken kaufen und den Nachmittag gemütlich ausklingen lassen."

„Wir brauchen bitte kleineres Besteck", meldet sich eine der Blattläuse zu Wort.

„Das hättet ihr vorbestellen müssen", sagt die Heuschrecke

kopfschüttelnd. „Alles könnt ihr auch nicht erwarten, wenn ihr das billige Touristenmenü bucht."

Die Blattläuse sind weniger verärgert als vielmehr überrascht. Sie flüstern untereinander, einige kichern: „Sie haben nicht mal genug Besteck", „Aber Spitzenschürzen!"

Davon, was guter Service in der Gastronomie ist, haben die Blattläuse klare Vorstellungen. Der Hirschkäfer-Grill bietet fünf verschiedene Besteck- und Portionsgrößen: Hirschkäfer, Schmetterling, Hummel, Ameise und Blattlaus. Normalerweise serviert der Hirschkäfer alle Mahlzeiten automatisch passend zur Körpergröße des Gastes. Wer möchte, kann sich natürlich zu seinem Blattlaus-Besteck eine Hirschkäfer-Portion bestellen. Oder umgekehrt. Aber das kommt selten vor.

Der Nachtfalter flattert neben die Heuschrecke und sagt: „Mein Fehler, liebe Heuschrecke. Das hätte ich natürlich vorher anmelden sollen."

„Ihr habt doch sicher noch Besteck in der Küche", ergänzt die Grille. „Der Nachtfalter und ich freuen uns auch schon so auf den Auftritt deiner Grün-Gras-Gruppe beim Konzert."

Die Heuschrecke holt grummelnd einen Besteckkasten aus der Küche, dann schieben die Wanzen einen Servierwagen voller Vorspeiseteller durch die Tür.

„Als Vorspeise haben wir eine typische Wiesenspezialität für euch", sagt die Heuschrecke wieder mit freundlicherer Stimme. „Leicht und gesund. Heuschrecken auf der ganzen Welt lieben dieses traditionelle Gericht: Grassamen im Staubmantel!"

Die Grille blickt als Einzige erfreut auf diese Küchenkrea-

tion. Während Hirschkäfer und Nachtfalter das Essen noch einigermaßen neugierig mustern, steht den Blattläusen die Enttäuschung ins Gesicht geschrieben. Der Mistkäfer sieht einfach nur entsetzt aus. Bei seinem Anblick muss der Hirschkäfer beinah lachen.

„Lasst uns erst mal probieren", schlägt er vor. „Der Butterblumensaft ist doch schon mal lecker."

„Sie hat ihn verdünnt", flüstert eine der Blattläuse unüberhörbar.

Den zweiten Gang, ‚Süßgras-Grütze mit Meerrettich-Crispies', verspeisen die Blattläuse schon mit mehr Appetit und Kennermienen: „Originell", „Angenehm matschig", „Könnte man auch gut mit Sauerampfer machen." Der Mistkäfer probiert gar nicht erst: „Kann ich stattdessen den ‚Frikadellierten Mist vom Weiderind' bekommen? Zahl ich auch extra."

Die Heuschrecke weist noch einmal darauf hin, dass solche Sonderwünsche immer im Voraus angemeldet werden müssen, bringt dann aber doch eine Portion. Wahrscheinlich will sie verhindern, dass man das Magenknurren des Mistkäfers bis in die Teestube hört.

„Bisschen trocken, die Bulette", befindet der Mistkäfer, „aber ansonsten nicht übel."

Der Hirschkäfer freut sich vor allem auf den Nachtisch. Für ihr leckeres Gebäck ist die Teestube in der ganzen Gegend bekannt. Doch gleichzeitig steht noch ein anderer Programmpunkt an: der Andenkenverkauf.

„Was gibt's Schöneres als einen Tag auf unserer Obstwiese?!", ruft die Heuschrecke, als sie mit einem Servierwagen voller kleiner Pakete den Raum betritt. „Sonnenschein, Blütenduft und überreife Früchte! Wer würde sich nicht gern ein Stückchen davon mit nach Hause nehmen?!"

Eine Antwort darauf wartet die Heuschrecke nicht ab, sondern fährt fort: „Deshalb haben wir auf vielfachen Wunsch unserer Gäste ein paar kulinarische Souvenirs für euch zusammengestellt, die ihr jetzt exklusiv bei mir kaufen könnt."

Zwei Blattwanzen verteilen Teller mit Gebäck und gießen Tee in die Tassen. So kann man, was die Heuschrecke verkauft, vorher probieren. Es gibt Köstlichkeiten wie mit Mohn gefüllte Sonnenblumenkerne und Thymiankaramell, Gewöhnungsbedürftiges wie in Schneckenschleim frittierte Teigtropfen und Enttäuschungen wie die staubigen Quecken-Kekse. Der Hirschkäfer fachsimpelt mit den Blattläusen über die verschiedenen Süßspeisen. Der Mistkäfer versucht eine möglichst große Portion Thymiankaramell auf seinen Teller zu schaffen. Der Nachtfalter trinkt eine ganze Kanne mit Honig gesüßten Kräutertee alleine aus. Die Grille weicht stapelweise Quecken-Kekse in ihrer Teetasse ein und löffelt zufrieden den Keks-Matsch.

„Einige von euch haben ja auch schon unsere Spitzenschürzen und die hübschen Tischdecken bewundert", sagt die Heuschrecke. „Nun, ich freue mich ganz besonders, euch eine der besten Kunsthandwerkerinnen der Gegend vorzustellen."

Ein Turm aus Häkeldeckchen betritt auf acht stämmigen Beinen den Raum.

„Applaus für meine gute Freundin!", ruft die Heuschrecke. „Die Spinne!"

Nachtfalter und Grille klatschen enthusiastisch und die anderen Gäste schließen sich zögernd an. Die Spinne ist kaum größer als eine Blattlaus. Trotzdem sollte man sie besser nicht unterschätzen. Während die Heuschrecke ausführlich darüber spricht, wie wichtig die passende Tischdecke für eine gelungene Mahlzeit ist, läuft die Spinne an Wänden und Decke entlang und befestigt überall ihre Decken, Servietten, Tischläufer und Schürzen.

Die Heuschrecke lobt die nahezu unzerreißbare Qualität der Spinnenfäden und die Vielfalt der Muster. Die Spinne gibt derweil eine Kostprobe ihres Könnens. Sie seilt sich ab und schwingt an ihren Fäden. Sie lässt ein zartes Netz entstehen und füllt es dann mit den erstaunlichsten Mustern auf. Sie webt, häkelt und strickt, bis man kaum noch durch das Netz hindurchsehen kann. Der Hirschkäfer seufzt. Die Spinne ist nämlich nicht nur ausgesprochen kunstfertig, sondern auch eine gerissene Geschäftemacherin. Den Platz für ihre Demons-

tration hat sie mit Bedacht gewählt. Es ist die Tür zur Teestube. Nun kann niemand mehr aus dem Anbau hinaus.

„Wer möchte alles eine schöne Tischdecke kaufen?", fragt die Spinne.

Der Mistkäfer zwinkert dem Hirschkäfer zu.

„Mir gefällt ja die schöne Decke an der Tür am besten", sagt er laut. „Ich würde gern sehen, wie sie auf dem Tisch aussieht. Nimm sie doch mal ab, damit ich mir das angucken kann."

„Ich reservier sie dir", sagt die Spinne, die schon alle Tricks kennt. „Aber sie muss erst noch ein wenig trocknen. Wenn ich sie jetzt abnehme, verzieht sie sich nur."

„Netter Versuch, Mist", raunt der Hirschkäfer dem Mistkäfer zu und schenkt ihm noch eine Tasse Tee ein. „Ich fürchte, wir sitzen hier eine Weile fest."

Die Spinne läuft über Wand und Decke, um sich dann über der langen Tafel abzuseilen. Sie landet vor einer Blattlaus, die gerade vorsichtig eine Serviette befühlt.

„Gefällt sie dir, Schätzchen?", fragt die Spinne. „Fass sie ruhig an. Du kannst sie auch als Decke für einen kleinen Tisch verwenden."

71

„Ich dachte, vielleicht als Bettdecke", sagt die Blattlaus schüchtern.

„Oh ja", sagt die Spinne und wickelt die Blattlaus geschickt in die Serviette ein. „Fühl mal – so weich!"

„Gemütlich", stimmt die Blattlaus zu und streicht mit den Händen über die Decke.

Jetzt greifen auch die übrigen Blattläuse nach Servietten und Tischdecken. Die Spinne flitzt auf dem Tisch hin und her, breitet ihre Waren aus und sagt Dinge wie: „Die Farbe ist genau richtig für dich – bringt deine Augen zum Leuchten", „So eine Qualität bekommst du nirgendwo sonst", „Heute habe ich ein besonderes Angebot: acht Decken zum Preis von neun."

Die Blattläuse sind so begeistert, dass die Servietten bereits knapp werden. Jetzt streicht auch der Mistkäfer prüfend über einen Tischläufer und sagt überrascht: „Das fühlt sich wirklich gut an, Hicks. Verdammt weich und trotzdem fest."

Am Ende kauft der Mistkäfer zwei große Tischdecken und das Netz, mit dem die Spinne die Tür verschlossen hat. Die Blattläuse legen zusammen und kaufen 168 Servietten als Bettdecken. Zum Angebotspreis von 189 Servietten. Der Hirschkäfer erwirbt nur ein Päckchen mit gefüllten Sonnenblumenkernen bei der Heuschrecke. Der Gedanke, sich zum Schlafen in ein Spinnennetz zu wickeln, gefällt ihm nicht. Und wenn es noch so weich ist. Aber das liegt vielleicht auch nur an der roten Mütze, die noch immer unverrückbar auf seinem Kopf klebt.

Doppelgänger

Die Blattläuse stürmen auf die Wiese, um ja nicht die Fallobstverkostung zu verpassen. Der Hirschkäfer hat anderes vor.

„Darf ich mal die Küche sehen?", fragt er die Heuschrecke. „Wir bauen unsere nämlich gerade um."

„Ach ja", sagt die Heuschrecke. „Ihr seid von dem Imbiss im Wald. Hatte den nicht das Gesundheitsamt geschlossen?"

„Deine Teestube doch auch", sagt der Hirschkäfer leicht verärgert.

„Ja", gibt die Heuschrecke zu, „aber das bei uns war keine richtige Kontrolle. Die Fliege war ein Betrüger."

„Ich weiß", sagt der Hirschkäfer und stellt die Fühler senkrecht. Immerhin ist er derjenige, der das zusammen mit dem Mistkäfer und dem Zitronenfalter herausgefunden hat. Ohne ihn wäre die Teestube der Heuschrecke immer noch wegen mangelnder Sauberkeit geschlossen.

Eigentlich weiß das auch die Heuschrecke. Sie sagt in versöhnlichem Ton: „Ja, da sind wir wohl alle reingefallen. Man kann eben keinem mehr trauen, heutzutage. Aber ich zeige dir gern unsere Küche. Ist alles blitzblank."

In der Küche fällt dem Hirschkäfer als Erstes ein unangenehmer Geruch auf. Unangenehm und vertraut. Es riecht nach verstopftem Abfluss.

„Wir haben gerade die Handwerker", sagt die Heuschrecke entschuldigend.

„Guten Tag", sagt eine tiefe freundliche Stimme. Der Hirschkäfer blickt zur Küchenspüle.

„Regenwurm!", ruft er überrascht. „Wie kommst du denn hierher?!"

„Kennen wir uns?", fragt der Regenwurm.

„Aber", sagt der Hirschkäfer verwirrt, „du wolltest doch heute den Abfluss vom Hirschkäfer-Grill reparieren."

„Tut mir leid", sagt der Wurm. „Am Hirschkäfer-Grill war ich noch nie. Du musst mich mit jemandem verwechseln."

Einen Moment lang starrt der Hirschkäfer den Wurm einfach nur an. Ob der ihm einen Streich spielen will? Er sieht wirklich genau aus wie der Regenwurm, den der Hirschkäfer kennt.

Die Heuschrecke hüpft ungeduldig von einem Fuß auf den anderen. „Eine Verwechslung. Ja, so was kommt schon mal vor. Und jetzt lassen wir den Regenwurm seine Arbeit machen."

Sie fasst den Hirschkäfer am Arm, aber der Hirschkafer bewegt sich nicht. Ihm ist ein Gedanke gekommen. Und wenn er damit recht hat, dann ist es ein großartiger Gedanke.

„Hattest du in letzter Zeit mal Ärger mit einem Vogel?", fragt er.

„Woher weißt du das?", fragt der Regenwurm. Jetzt ist er derjenige, der überrascht aussieht. „Ich hatte großen Ärger. Ein Vogel hat mich in zwei Hälften gerissen. Ich konnte gerade noch entkommen. Hat ewig gedauert, bis ich wieder fit genug war, um Abflüsse zu reparieren."

„Hast du dich nie gefragt, was aus deiner anderen Hälfte geworden ist?", fragt der Hirschkäfer aufgeregt.

„Schon", sagt der Regenwurm. „Aber wahrscheinlich hat der Vogel sie gefressen."

„Ich glaube, das hat er nicht", sagt der Hirschkäfer. Und als er von dem Regenwurm erzählt, der einen Detektiv beauftragt hat, seine verlorene Hälfte zu suchen, hört sogar die Heuschrecke auf, am Hirschkäfer zu zupfen, und lauscht gebannt.

„Das ist ja eine unglaubliche Geschichte", sagt der Regenwurm langsam. „Dann habe ich also einen Bruder, von dem ich gar nichts wusste. Ich muss ihn treffen. Und sehen, ob das wirklich wahr ist."

„Komm doch mit uns mit", sagt der Hirschkäfer. „Der Regenwurm ist heute bei uns in der Küche. Er würde sich so freuen, dich zu sehen!"

Die Heuschrecke räuspert sich. „Hier ist auch noch ein Abfluss zu reparieren!"

Der Regenwurm lächelt. „Ich reise sowieso lieber unterirdisch. Wenn ich hier fertig bin, mache ich mich auf den Weg. Beim nächsten Regen bin ich bei euch auf der Waldlichtung."

„Großartig!", sagt der Hirschkäfer und strahlt.

Der Rest der Küchenbesichtigung fällt kurz aus. Der Hirschkäfer ist viel zu aufgeregt, um sich noch dafür zu interessieren, wie die Blattwanzen den Vorratsschrank organisiert haben.

Auf dem Weg zurück zum Bach erzählt der Hirschkäfer dem Mistkäfer alles, was er über den neuen Regenwurm weiß.

„Nicht zu fassen", staunt der Mistkäfer. „Von allen Regenwürmern dieser Welt steckt ausgerechnet der halbe Wurm, den wir die ganze Zeit suchen, den Kopf aus dem Abfluss? Weißt du, wie unwahrscheinlich das ist?!"

„Nicht wirklich", sagt der Hirschkäfer. „Aber man kann das irgendwie ausrechnen, glaube ich. Wenn man weiß, wie viele Regenwürmer es gibt und wie viele Küchenabflüsse. Und wie oft ich in fremde Küchen gehe …"

Der Mistkäfer verdreht die Augen und lacht. „So genau will ich es gar nicht wissen, Hicks. Ich meine nur: Es ist eben total, total, TOTAL UNWAHRSCHEINLICH!"

„Wir haben eben total, total, TOTAL GLÜCK GEHABT", sagt der Hirschkäfer und lacht auch.

„Was ist denn mit euch beiden los?", fragt der Nachtfalter. „Unser Ausflug scheint euch ja gut zu gefallen."

„Sehr gut", sagt der Hirschkäfer aufrichtig.

„Ein Tag voller Überraschungen", stimmt der Mistkäfer zu und grinst.

Die nächste Überraschung lässt nicht lange auf sich warten. Am Bachufer angekommen schaukelt der ‚Braune Bär' sanft auf den Wellen.

„Wie kommen wir eigentlich zurück?", fragt der Mistkäfer.

„Na, wir steigen ins Boot", sagt der Nachtfalter im Ton von jemandem, der etwas sehr Einfaches ausführlich erklären soll,

„und fahren gemütlich zurück durch den Wald. Wir steigen da aus, wo wir eingestiegen sind, und gehen zu Fuß zu unserer Lichtung. Und das war's."

„Du meinst, wir fahren den Wasserfall wieder hoch?", fragt der Mistkäfer.

Jetzt versteht auch der Nachtfalter, wo das Problem liegt. Er blickt hilfesuchend zur Grille.

„Daran haben wir nicht gedacht", gibt die Grille mit ungewohnter Offenheit zu. „Vielleicht können wir ein Stück hochklettern und suchen uns oben ein neues Boot."

„Dann fahren wir doch den Wasserfall gleich wieder hinunter", sagt der Mistkäfer. „Die Strömung ist ziemlich stark. Wir haben uns den ganzen Hinweg über treiben lassen. Ich glaube, dagegen können wir nicht anpaddeln."

„Vielleicht hat die Strömung sich ja geändert", wirft der Nachtfalter ein. „Morgens fließt der Bach vielleicht in die eine Richtung, nachmittags in die andere. Könnte ja sein."

„Tut er aber nicht", sagt der Hirschkäfer und zeigt auf ein vorbeitreibendes Blütenblatt. „Guckt doch!"

„Was machen wir denn jetzt, Hicks?", fragt eine der Blattläuse beunruhigt.

„Uns fällt schon etwas ein", sagt der Hirschkäfer. „Wir müssen nur alle zusammen überlegen."

„Wir könnten zu Fuß gehen", schlägt die Grille vor.

Die Blattläuse stöhnen.

„Ich glaube, das ist zu weit", sagt der Hirschkäfer. „Wir würden die ganze Nacht brauchen."

„Wir könnten fliegen", sagt der Nachtfalter, klingt dabei aber selbst nicht recht überzeugt. „Wenn wir alle ein paar Blattläuse tragen, geht das vielleicht."

Der Hirschkäfer blickt auf die vielen Päckchen mit Servietten, in Salbeiblätter gewickelte Stücke Karamell und Gebäck. Einige Blattläuse schleppen sogar eine etwas matschige Kirsche mit, die sie bei der Obstverkostung gekauft haben.

„Fliegen ist schneller als Laufen", sagt der Mistkäfer nachdenklich und zeigt auf einen Punkt in der Ferne. Der Punkt verwandelt sich erst in ein Insekt, und als er noch näher kommt, in Bea, die Biene. Geschickt landet sie auf dem ‚Braunen Bären'.

„Ist das euer Boot?", fragt sie.

„Ja", sagt der Hirschkäfer, „aber wir können damit nicht zurückfahren."

Es dauert einen Moment, bis die Biene das Problem verstanden hat. Nicht weil sie dumm ist, sondern weil alle gleichzeitig versuchen es ihr zu erklären. Als sie es begriffen hat, lächelt sie und dreht eine kurze Pirouette in der Luft.

„Das ist gar kein Problem. Ich sage den anderen Bescheid, und dann fliegen wir euch zum Hirschkäfer-Grill."

Kurz darauf hebt ein Bienenschwarm vom Bachufer ab, wie man auf der Obstwiese noch keinen gesehen hat. Statt Blütenstaub tragen die Bienen Pakete oder haben Blätter in ihre

Mitte genommen, auf denen dicht gedrängt Blattläuse sitzen. So dauert es nicht lange, bis alle müde und glücklich am Hirschkäfer-Grill landen. Weder Tausendfüßler noch Regenwurm sind zu sehen, dafür ist die Küche von oben bis unten in Grashalme gewickelt. Die hat der Tausendfüßler zuvor mühevoll mit rot-weißen Streifen bemalt, und sie sind offenbar als Absperrband gemeint. Das kann nichts Gutes bedeuten, denkt der Hirschkäfer. Aber er ist so müde, dass er beschließt, sich darüber erst morgen Gedanken zu machen. Zum Dank holt er für die Bienen Blattlausbier und Blütenstaubbrause aus dem Imbisswagen. Damit setzen sich alle auf den Baumpilzbalkon und sehen eine Weile zu, wie sich die Sonne beim Untergehen orange färbt. Noch bevor sie ganz hinter dem Horizont verschwunden ist, liegt der Hirschkäfer im Bett. Die Blattläuse kuscheln sich auf seinem Sofa in ihre neu erworbenen Servietten-Decken. Sie schlafen tief und glücklich bis lange nach Sonnenaufgang.

Zweiter Versuch

Als der Hirschkäfer am nächsten Morgen zur Küche geht, ist der Tausendfüßler bereits am Werk. Gerade versucht er sich fluchend aus einem Knäuel rot-weißen Absperrbands zu befreien.

„Was ist passiert?", fragt der Hirschkäfer besorgt.

Der Tausendfüßler strampelt wild um sich. „Ich wollte nur das blöde Band aufwickeln. Bin irgendwie durcheinandergekommen. Meine Beine sind nicht richtig im Rhythmus. Gestern auch schon."

Während der Hirschkäfer zum Imbiss läuft, um eine Schere zu holen, fragt er sich, wie es wohl in seiner Küche aussieht. Hoffentlich hat der Tausendfüßler nichts angestellt. „Halt mal einen Moment still", sagt er, „dann kann ich dich losschneiden."

„Mach aber nicht das ganze Band kaputt", sagt der Tausendfüßler. „Das muss ich dir sonst auf die Rechnung setzen."

„Soll ich dir nun helfen oder nicht?", fragt der Hirschkäfer.

„Ja, ja", sagt der Tausendfüßler „jetzt mach schon. Das mit der Rechnung war bloß Spaß. Sei einfach vorsichtig, wo du hinschneidest."

Mithilfe der Schere ist der Tausendfüßler schnell befreit. Der Hirschkäfer betrachtet ihn nachdenklich.

„Wieso hast du den einen Schuh an den letzten Fuß gezogen und den anderen an den vorletzten?", erkundigt er sich.

„Häh?", antwortet der Tausendfüßler. Dann blickt er auf seine Füße. Er reißt sich den Schuh vom vorletzten Fuß und zieht ihn an den letzten Fuß. Als er sich wieder aufrichtet, entrollt sich sein Körper in einer fließenden Wellenbewegung. Der Tausendfüßler dreht sich in alle Richtungen und macht sogar einen kurzen Handstand. Alle Hände und Füße in perfektem Einklang!

„Das hättest du auch gleich sagen können", sagt er vorwurfsvoll. „Dann wäre gestern nicht so viel schiefgegangen."

„Du hättest auch selber aufpassen können", sagt der Hirschkäfer. „Und überhaupt: Was ist denn alles schiefgegangen?"

„Weiß ich nicht genau", gibt der Tausendfüßler kleinlaut zu. „Ich hatte dauernd das falsche Werkzeug in der Hand. Hab versucht, mit der Bohrmaschine zu hämmern und mit der Zange zu bohren. Schließlich hat der Regenwurm gemeint, ich solle besser nach Hause gehen. Das hab ich dann auch gemacht. Vorher hab ich noch alles mit Absperrband gesichert, damit sich keiner verletzt. War ein ziemliches Chaos. Zu Hause ging auch alles daneben. Hätte fast die Bude abgebrannt, als ich mir was kochen wollte. Hab versehentlich den Brotkorb statt der Bratpfanne auf den Herd gestellt." Der Tausendfüßler grinst verlegen. „Also hab ich mich ins Bett gelegt, damit ich nichts mehr kaputt machen kann. Nicht mal mehr die Schuhe hab ich ausgezogen."

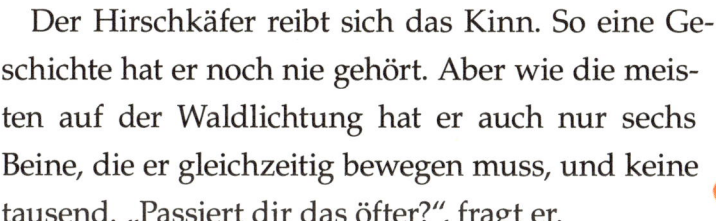

Der Hirschkäfer reibt sich das Kinn. So eine Geschichte hat er noch nie gehört. Aber wie die meisten auf der Waldlichtung hat er auch nur sechs Beine, die er gleichzeitig bewegen muss, und keine tausend. „Passiert dir das öfter?", fragt er.

„Manchmal", sagt der Tausendfüßler. „Selten. Wenn ich etwas in die falsche Hand nehme. Bei so vielen Händen kann ich nicht über jede Bewegung extra nachdenken. Muss ich auch nicht. Normalerweise wissen meine Hände selber, was zu tun ist. Automatisch. Zum Beispiel nehme ich mit der Hand über dem linken Schuh immer die Bürste. Damit kann ich dann meine Schuhe abbürsten. Oder was ich sonst so bürsten will. Aber gestern habe ich den Schuh an die Bürstenhand gezogen. Also habe ich die Bürste mit der Hand genommen, die für den kleinen Schraubenschlüssel zuständig ist. Und so weiter."

„Und so weiter …", sagt der Hirschkäfer und stellt sich vor, wie der Tausendfüßler, die Hände voll verkehrter Werkzeuge, die Küche auf den Kopf stellt.

„Also, äh … Danke, dass du mir das mit den Schuhen gesagt hast", murmelt der Tausendfüßler.

„Was ist eigentlich mit dem Abfluss?", fragt der Hirschkäfer. „Hat der Regenwurm ihn repariert?"

„Glaub schon", sagt der Tausendfüßler. „Frag ihn am besten selbst. Er sitzt drüben beim Zitronenfalter."

„Oh, gut!", sagt der Hirschkäfer. „Die beiden wollte ich sowieso sprechen." Dann dreht er sich noch einmal um. „Fang nicht ohne mich an. Ich bin gleich wieder da."

Regenwurm und Zitronenfalter sitzen am Schreibtisch.

„Hallo, ihr beiden", sagt der Hirschkäfer. „Seit wann hast du denn Teppich in deinem Büro, Zitto?"

Der Zitronenfalter grinst. „Das ist kein Teppich, das ist ein Beweisstück. Er gehört der Assel."

„Der Zitronenfalter ist wirklich ein großer Detektiv", erklärt der Regenwurm. „Eine Blaumeise hatte den Teppich gestohlen, und Zitto hat ihn aufgespürt."

„Sie hatte ihr Nest damit ausgepolstert. Das war überhaupt voll von Sachen, die ihr sicher nicht alle gehören. Sieben Teppiche, fünf Stehlampen mit Troddeln daran, 25 Paar Hausschuhe. Die meisten davon passen einem Vogel gar nicht! Wer richtet sich denn so ein?"

Dem Hirschkäfer fällt spontan die grundehrliche Assel ein. Die hat in Einrichtungsfragen einen ganz ähnlichen Geschmack wie der diebische Vogel. Der Hirschkäfer sagt dazu aber nichts, sondern fragt stattdessen: „Was hast du mit dem ganzen Kram gemacht?"

„Nichts", antwortet der Detektiv. „Ich hab nur den Teppich der Assel mitgenommen. Ich weiß ja nicht sicher, ob die übrigen Sachen gestohlen sind oder wem sie gehören. Außerdem war der Teppich schon schwer genug zu transportieren."

„Wie hast du ihn überhaupt gefunden?", fragt der Hirschkäfer.

„Die Assel hat mir den Vogel gut beschrieben. Sie hat gesehen, wie er mit ihrem Teppich weggeflogen ist, und wusste auch noch, in welche Richtung er verschwunden ist. Ich hab die Käfer und Schmetterlinge dort befragt. Ein paar Flöhe haben mir dann den entscheidenden Hinweis gegeben. Sie hatten selbst eine Weile in dem Vogelnest gewohnt."

„Und als der Vogel ausgeflogen war, hat Zitto sich das Nest genauer angesehen", fährt der Regenwurm fort, der offenbar genau über die Ermittlungen Bescheid weiß. „Und tatsächlich: Der Teppich war da!"

„Heute Nachmittag bringe ich ihn der Assel vorbei", sagt der Zitronenfalter und fügt an den Regenwurm gewandt hinzu: „Ich wünschte, ich wäre in deinem Fall auch schon ein Stück weiter. Bisher habe ich nicht die geringste Spur."

„Aber ich!", sagt der Hirschkäfer. „Stellt euch vor: Ich glaube, ich habe den vermissten Regenwurm gefunden!"

„Was?", ruft der Regenwurm begeistert. „Wo ist er?"

„Er ist schon unterwegs hierher", sagt der Hirschkäfer und dann berichtet er der Reihe nach, wie er auf den Regenwurm gestoßen ist.

„Das ist ja toll, Hicks", sagt der Zitronenfalter. „Ich denke, das könnte er wirklich sein!"

Der sonst so ruhige Regenwurm zittert vor Aufregung.

„Wann wird er wohl hier sein?", fragt Zitto.

„Er hat gesagt: beim nächsten Regen", erinnert sich der Hirschkäfer.

„Ich könnte ihm entgegenfliegen", sagt der Zitronenfalter, den es nicht mehr auf seinem Sitz hält. Er flattert um den Schreibtisch und späht abwechselnd in alle Richtungen. Für den Fall, dass der neue Regenwurm schon in der Nähe ist.

„Er wollte unterirdisch reisen", sagt der Hirschkäfer. „Wenn du fliegst, verpasst du ihn."

„Er wird ein paar Tage brauchen", sagt der Regenwurm. „Unter der Erde kommt man nicht so schnell voran."

Der Zitronenfalter landet auf seinem Bürostuhl und seufzt.

„Ich hoffe, er kommt bald", sagt der Hirschkäfer. „Er scheint wirklich nett zu sein."

„Bestimmt ist er nett", sagt der Regenwurm überzeugt. Dann wird er rot. „Na ja, ich kenne ihn ja noch gar nicht. Aber irgendwie … also, ich denke, wenn er so ist wie ich, dann werde ich ihn eben nett finden."

Der Zitronenfalter lächelt. „Wenn er so nett ist wie du, mögen wir ihn bestimmt alle."

Der Hirschkäfer nickt.

„Übrigens", sagt der Regenwurm, der sich geschmeichelt fühlt, aber auch ein wenig verlegen ist, „funktioniert der Küchenabfluss wieder. Hab ich gestern repariert."

„Super!", sagt der Hirschkäfer. „Danke." Er blickt sich kurz um und senkt die Stimme. „Ich bin noch nicht in der Küche gewesen. Aber ich hab eben den Tausendfüßler getroffen. Bei dem ist gestern einiges schiefgelaufen, oder?"

Der Regenwurm lacht leise. „Mach dir keine Sorgen! Er

hatte gestern einen schlechten Tag. Aber ich kenne ihn schon lange: Wenn er nicht gerade mit seinen Beinen durcheinanderkommt, ist er geschickt und schnell. Er wird alles wieder in Ordnung bringen. Am besten, du bleibst in seiner Nähe."

„Das werde ich", sagt der Hirschkäfer. „Und zwar ab sofort. Bis später, ihr beiden."

„Wo ist denn jetzt wieder der große Hammer?"

„Du wolltest doch auf mich warten, Tausendfüßler!", sagt der Hirschkäfer und sieht sich in der Küche um. Zum Glück ist das Chaos weniger groß, als er es sich ausgemalt hat. Der Tausendfüßler hat sich an seinem Unglückstag ganz auf den Speisenaufzug konzentriert. Von dem ist nicht mehr viel übrig.

„Ich muss irgendwie die elektrische Säge in der Hand gehabt haben, als ich die Zahnräder losschrauben wollte", sagt der Tausendfüßler entschuldigend.

„Das erklärt den zersägten Schacht", seufzt der Hirschkäfer.

„Zum Glück sind die Zahnräder selber nicht beschädigt", sagt der Tausendfüßler. „Die hatte ich bei den Ameisen bestellt und sie sind aus Titan."

„Gut", sagt der Hirschkäfer. „Wenigstens was."

„Ja", sagt der Tausendfüßler. „Gut für die Zahnräder. Schlecht für meine Säge. Die ist Schrott."

„Du kannst ja auch von Hand sägen", schlägt der Hirschkäfer vor und denkt im Stillen, dass das sowieso besser ist. Wenn der Tausendfüßler gezwungen ist, langsamer zu arbeiten, bleibt dem Hirschkäfer mehr Zeit einzugreifen, bevor wieder etwas schiefläuft.

Doch dann geht alles erstaunlich schnell und problemlos. Der Tausendfüßler misst den zersägten Schacht aus, dann baut er den ganzen Speisenaufzug auseinander. Er legt die kleinen Teile sorgfältig und in der richtigen Reihenfolge auf ein frisches Salbeiblatt. Was kaputt ist – also beinah alles, was in Kontakt mit der elektrischen Säge gekommen ist – wird ersetzt. Dann reibt der Tausendfüßler die Teile mit Distelöl ein und setzt den Aufzug wieder zusammen. Schließlich baut er einen neuen Schacht um den Aufzug herum. Mit zusätzlichen Klappen, sodass man von drei Seiten Essen hineinstellen oder herausnehmen kann. Wenn die Hände des Tausendfüßlers so perfekt zusammenarbeiten, macht es Spaß, ihm zuzusehen, stellt der Hirschkäfer fest. Und nur ein einziges Mal muss er eingreifen und fragen: „Ist das wirklich richtig, Tausendfüßler?"

„Äh, nein", sagt der Tausendfüßler und legt den nassen Schwamm weg, mit dem er über die Holzkanten gerieben hat. „Ich brauchte den Hobel."

Doch dann ist er auch schon wieder im Takt und hobelt, schleift und glättet die Kanten, damit sich keine Blattlaus am neuen Aufzugschacht einen Splitter holen kann.

Als alles fertig ist, nickt der Hirschkäfer anerkennend. So viele Hände gleichzeitig zu bewegen, ist wirklich keine Kleinigkeit.

„Wie wäre es mit einem gegrillten Pilz und einem Blattlausbier? Oder Brause?", schlägt der Hirschkäfer vor. „Der Imbiss ist zwar heute offiziell noch geschlossen, aber einen gegrillten Pilz bekomme ich immer hin."

„Brause, jawoll", sagt der Tausendfüßler. „Nehm ich gern. Den Pilz auch."

Während Hirschkäfer und Tausendfüßler je eine Pilzportion in doppelter Hirschkäfer-Größe verspeisen, inspizieren die Blattläuse die Küche. Der Hirschkäfer kann das Surren des Speisenaufzugs und das Brummen der Dunstabzugshaube hören. Das zufriedene Gemurmel der Blattläuse geht bald in ausgelassenes Johlen über. Die Blattläuse haben entdeckt, dass sie nicht nur selbst mit dem Speisenaufzug auf und ab fahren, sondern durch die neuen Klappen auch von oben in die mit Wasser gefüllte Küchenspüle hüpfen können. Nicht wenige tun dabei so, als wären sie die Grille, die gerade in den Bach fällt.

Regentanz und 13 Zwillinge

„Wann bekommen wir eigentlich unsere Mützen wieder?", fragt die Grille, als sie ein paar Tage nach dem Ausflug am Tresen des Hirschkäfer-Grills auftaucht. „Die waren nicht geschenkt, nur geliehen."

„Du kannst sie sofort haben", sagt der Hirschkäfer. „Wenn du mir verrätst, wie ich sie von meinem Kopf abbekomme."

Der Hirschkäfer hat schon alles Erdenkliche probiert, um die warme Mütze loszuwerden. Von Seifenwasser bis zu roher Gewalt hat er nichts unversucht gelassen. Zuletzt hat er sogar Kopf und Mütze mit einer großen Portion Schneckenschleim eingerieben. Doch auch dieser freundliche Tipp seiner Nachbarin hat die Mütze keinen Millimeter bewegt.

„Ach so", sagt die Grille. „Hatten wir das nicht gesagt? Du musst am Etikett ziehen."

Sie greift mit einer Hand über den Tresen und zieht kräftig am Etikett, das die Spinne außen am Mützenrand angenäht hat. Der Hirschkäfer spürt, wie sich ein Netz aus Spinnenfäden erst um seinen Kopf festzieht und dann löst. Schon hat die Grille die Mütze in der Hand.

„Siehst du?", sagt sie. „Doppelfadensystem. Wenn man am Etikett zieht, schnellen die Klebefäden nach innen. Macht die Spinne immer so. Wusstest du das nicht?"

„Nein", sagt der Hirschkäfer leicht genervt. „Wusste ich nicht."

„Puh, die Mütze fühlt sich irgendwie schleimig an", sagt die Grille und lässt sie auf den Tresen fallen. „Was hast du denn damit gemacht?"

Der Hirschkäfer hat keine Lust auf lange Erklärungen. „Ich wasch sie euch", sagt er und stopft sie in den Sack mit den schmutzigen Geschirrtüchern. Dann wechselt er das Thema. „Was machen die Konzertvorbereitungen? Habt ihr einen berühmten Musiker gefunden?"

„Oh ja!", sagt die Grille. „Das haben wir. Deshalb brauchen wir ja auch die Mützen. Unsere Helfer müssen sich mit den Vorbereitungen beeilen."

„Wer ist es?", fragt der Hirschkäfer.

„Das", sagt die Grille, „verraten wir noch nicht."

Der Hirschkäfer kennt die Grille lange genug, um zu wissen, dass „Das verraten wir noch nicht" wahrscheinlich „Das wissen wir noch nicht" bedeutet.

Die Grille sieht ihm diese Gedanken offenbar an. „Wirklich", sagt sie. „Du wirst staunen. So viel kann ich sagen: Es sind richtig berühmte Musiker! Sie sind unter Vertrag bei Wurmwald!"

„Wurmwald?"

„Harald Wurmwald, genannt ‚Der Kneifer'! Das ist der Ohr-wurm, der das Worm-Wood Musik-Festival veranstaltet. Du kennst dich mit Musik wohl gar nicht aus."

„Nicht besonders", gibt der Hirschkäfer zu. „Ich höre sie gern – das ist alles."

„Na, macht nichts", sagt die Grille. „Hauptsache, du berei-test das Essen fürs Büfett ordentlich vor. Ich hab dir hier eine Liste mit unseren Helfern mitgebracht, damit du die Mengen einschätzen kannst."

Der Hirschkäfer überfliegt die Liste. So ziemlich jedes In-sekt, das zwischen Obstwiese und Sägewerk wohnt, steht da-rauf.

„Wenn das alles eure Helfer sind", sagt der Hirschkäfer, „an wen wollt ihr dann noch Eintrittskarten verkaufen? Da bleibt ja niemand mehr übrig."

„Jetzt übertreibst du aber!", protestiert die Grille. „Da gibt es eine Menge Leute. Dich zum Beispiel, oder den Mistkäfer."

„Okay", sagt der Hirschkäfer grinsend. „Zwei Besucher habt ihr. Wann soll das Konzert denn eigentlich stattfinden?"

„Beim nächsten Vollmond", sagt die Grille und klettert von ihrem Barhocker. „Ich muss los." Dann hüpft sie zur Küche, um die Mützen der Blattläuse einzusammeln.

„Wie hast du die Mütze abbekommen?", fragt der Zitronenfal-ter, als er kurz darauf auf dem Platz der Grille landet.

„Doppelfadensystem", sagt der Hirschkäfer und ergänzt auf Zittos fragenden Blick: „Ein Trick der Spinne."

„Nie davon gehört", sagt der Zitronenfalter.

„Schon irgendeine Spur vom zweiten Regenwurm?", fragt der Hirschkäfer.

„Nein", sagt der Zitronenfalter und wirft dem blauen Himmel einen unfreundlichen Blick zu. „Kein Regen, kein Regenwurm. Ich wünschte, ich könnte irgendwas unternehmen."

Der Hirschkäfer zupft nachdenklich an einem seiner Fühler. „Wie merken die Regenwürmer eigentlich unter der Erde, dass es bei uns oben regnet?"

„Wahrscheinlich wird die Erde immer nasser, wenn der Regen darin versickert", meint der Zitronenfalter. „Worauf willst du hinaus?"

„Das weiß ich selbst noch nicht", gibt der Hirschkäfer zu. „Aber vielleicht würde es schon reichen, wenn der Regenwurm denkt, dass es auf unserer Lichtung regnet, damit er sich beeilt."

„Du meinst, wir tun bloß so, als ob es regnet?", fragt der Zitronenfalter.

„Na ja, wir könnten uns den Gartenschlauch vom Brummer ausleihen. Damit feuchten wir den Boden an. Wir machen Regengeräusche und reden laut über das schlechte Wetter. Wahrscheinlich fällt kein Regenwurm darauf herein, aber wir könnten es zumindest versuchen."

„Unbedingt versuchen wir das!", sagt der Zitronenfalter. „Ich fliege zum Brummer."

Als der Zitronenfalter am späten Nachmittag mit dem Gartenschlauch am Hirsch-

käfer-Grill landet, sind der Hirschkäfer und sein Freund Mistkäfer schon mitten in den Vorbereitungen für einen kräftigen Regenschauer. Der Mistkäfer hat eine aufgesägte Eichel und eine halbierte Haselnuss mit Stoff bespannt. Wenn man darauf trommelt, klingt es fast wie Tropfen, die auf den Boden fallen.

„Die Blattläuse sind auch eingeweiht", sagt der Hirschkäfer. „Wir können gleich anfangen."

Die Blattläuse schließen den Gartenschlauch am Wasserhahn in der Küche an und verteilen sich auf der Fläche zwischen Spülküche und Detektivbüro. An dieser Stelle soll der Regenschauer niederprasseln.

„Alle bereit?", fragt Zitto.

„Regen marsch!", ruft der Hirschkäfer und dreht den Wasserhahn auf.

Der Zitronenfalter fliegt mit dem Schlauch umher und spritzt Wasser übers Moos. Der Mistkäfer schlägt auf die Haselnuss. Erst langsam für einzelne Tropfen, dann immer schneller. Der Hirschkäfer trommelt auf die Eichel und ruft: „Oh, Mist, ich glaube, es fängt an zu regnen!"

Die Blattläuse hüpfen als kleine Regentropfen hin und her und rufen dazu Dinge wie „Tropf, tropf, tropf" oder „Blub, blub". Einige haben sich sogar von Kopf bis Fuß mit Blaubeersaft eingerieben, um ihre Rolle als Wassertropfen noch überzeugender zu spielen.

Das Spektakel zieht bald erste Zuschauer an. Assel und Schnecke vergessen ihre Schachpartie und schauen verblüfft hinüber. „Was soll das wohl werden?", fragt die Schnecke.

„Wahrscheinlich proben die Blattläuse ein Ballett fürs Waldkonzert", vermuten die Bienen vom Stammtisch.

„Da müssen sie aber noch sehr viel üben …", flüstert die Assel der Schnecke zu.

Doch bald sind die ungeübten Regentropfen von echten kaum noch zu unterscheiden. Das liegt vor allem daran, dass sich echte Regentropfen unter die Blattläuse mischen. Erst fällt es zwischen Getrommel und Wasserverspritzen niemandem auf, aber spätestens beim ersten Lichtblitz bemerken alle, dass ein echtes Sommergewitter über sie hereinbricht. Die Imbissgäste suchen unter der Markise Schutz, doch die Blattläuse springen ausgelassen durch den Regen, bis er den letzten Rest Blaubeerfarbe von ihnen abgewaschen hat.

„Hallo", sagt die tiefe Stimme des Regenwurms. „Was ist denn bei euch los?"

„Bist du das, Regenwurm?", fragt der Zitronenfalter.

„Ja", sagt der Regenwurm, „du kennst mich doch."

„Ich dachte, du wärest vielleicht der andere Wurm", sagt der Zitronenfalter.

„Meintest du mich?", fragt eine ebenso tiefe Stimme von hinter der Küche.

„Regenwurm!", ruft der Hirschkäfer und läuft um die Küche. „Du bist gekommen!"

Die beiden Würmer kriechen aufeinander zu und staunen.

Der erste Regenwurm schluckt. Dann fragt er: „Bist du es wirklich? Ich meine, sind wir beide … sind wir beide ‚ich'?"

Der zweite Wurm sagt mit belegter Stimme: „Könnte sein. Du siehst aus wie ich."

Das stimmt wirklich. Hirschkäfer, Mistkäfer und Zitronenfalter blicken von einem Regenwurm zum anderen. Es scheint beinah unmöglich, sie voneinander zu unterscheiden. Viel-

leicht ist der neue Wurm ein kleines Stückchen kürzer. Aber wahrscheinlich kommt es dem Hirschkäfer nur so vor.

Während das Gewitter langsam weiterzieht, betrachten die beiden Würmer einander von allen Seiten. Schließlich befühlen sie sogar vorsichtig die geteilte Stelle in der Mitte des anderen.

„Unglaublich, dass die beiden sich wiedergefunden haben", sagt der Hirschkäfer und strahlt den Zitronenfalter an.

Der Mistkäfer stupst ihn leicht in die Seite. „Ich fürchte, es wird noch unglaublicher. Guck mal da!"

Elf Regenwürmer schauen aus dem feuchten Boden. Sie alle sehen Zittos Auftraggeber zum Verwechseln ähnlich.

Der Chor der Installateure

Es dauert eine Weile, bis sich die erste Verwirrung gelegt hat. Die Regenwürmer reden durcheinander. Zitto flattert aufgeregt zwischen ihnen umher und stellt Fragen. Bald hat er herausgefunden, dass die Regenwürmer durch die Ameisen von dem vermissten Wurm erfahren haben. 512 und 4.444 haben sogar in der berüchtigten unterirdischen „Bar zum Ameisenlöwen" ein Plakat mit der Zeichnung des vermissten Regenwurms aufgehängt. Zum Glück sind sie dabei nicht vom Ameisenlöwen erwischt worden. Der Hirschkäfer und der Mistkäfer blicken fasziniert von einem Wurm zum anderen.

„Unser Regentanz war jedenfalls ein voller Erfolg", sagt der Mistkäfer. „Jetzt müssen wir nur noch herausfinden, welcher Regenwurm der richtige ist."

„Wenn man ganz genau hinguckt, sehen die Würmer doch nicht alle gleich aus", meint der Hirschkäfer.

„Du hast recht", stimmt der Mistkäfer nachdenklich zu. „Der da ist rosafarbiger, und der da drüben ist besonders dünn."

„Dünn muss nichts heißen", gibt der Hirschkäfer zu bedenken. „Vielleicht sieht er ähnlicher aus, wenn er mehr isst."

Bevor der Mistkäfer antworten kann, fliegt Zitto auf einen niedrigen Zweig und ergreift das Wort. Offenbar hat er bereits einen Plan.

„Liebe Regenwürmer", ruft der Zitronenfalter, „ihr alle seid hergekommen, weil ihr ein Teil von unserem Freund Regenwurm hier sein könntet. Ich möchte herausfinden, wer von euch es ist. Dazu muss ich euch ein paar Fragen stellen. Seid ihr einverstanden?"

Die Regenwürmer murmeln und nicken.

„Als Erstes würde ich gern wissen, wie es passiert ist, dass ihr in zwei Teile geteilt wurdet", sagt der Zitronenfalter. Es ist schwierig, einzelne Erklärungen zu verstehen, weil alle gleichzeitig antworten.

Zitto versucht es anders: „Alle Regenwürmer, die von einem Vogel geteilt worden sind, gehen bitte auf meine rechte Seite, die übrigen bitte nach links zum Farn."

Die Regenwürmer setzen sich in Bewegung: Acht Würmer kriechen nach rechts. Auch der Wurm, den der Hirschkäfer bei der Heuschrecke kennengelernt hat, stellt sich auf die ‚Vogelseite'. Drei Würmer postieren sich links am Farn. Nur einer bleibt in der Mitte zurück.

Zitto sieht den einzelnen Regenwurm in der Mitte an. „Was ist mit dir? Kannst du dich nicht erinnern?"

„Doch", sagt der Regenwurm unglücklich. „Aber ich habe nichts gesehen. Ich steckte zur Hälfte in der Erde, als mich irgendein Tier gepackt hat. Ich hab nicht nachgesehen, ob das ein Vogel war oder sonst was. Bin weg, so schnell ich konnte."

„Dann gehörst du erst mal auf die rechte Seite", sagt Zitto freundlich. „Solange wir nicht mehr wissen, könntest du unser vermisster Wurm sein."

Dann wendet er sich an seinen Auftraggeber: „Was für ein Vogel hat dich eigentlich erwischt?"

„Hm, dunkel, kräftiger Schnabel. Wahrscheinlich eine Amsel", meint der Regenwurm.

„Okay", sagt der Zitronenfalter. „Wer von einer Amsel, einem Star oder einer Krähe angegriffen wurde oder sich nicht sicher ist, bleibt hier. Die anderen gehen bitte zum Farn rüber."

Sieben Regenwürmer bleiben übrig. Auch der, den der Hirschkäfer gefunden hat, ist noch dabei. „Hoffentlich ist er der richtige Wurm", flüstert der Hirschkäfer.

„Gut", sagt Zitto und zupft nachdenklich an einem seiner

Fühler. „Was wissen wir noch? Hm, also, als Nächstes kriechen bitte alle weiblichen Regenwürmer zum Farn rüber, alle männlichen Regenwürmer bleiben, wo sie sind."

Die Regenwürmer rühren sich nicht vom Fleck. Einige kichern.

Zittos Auftraggeber räuspert sich. Dann fragt er: „Du denkst, ich bin ein männlicher Regenwurm?"

Noch mehr Regenwurmgekicher rundum.

„Äh, ja", sagt der überraschte Zitronenfalter. „Du hast eine tiefe Stimme, du reparierst Abflüsse – bist du etwa ein Mädchen?"

Sehr großes Gekicher.

Zitto blickt hilfesuchend zu Hirschkäfer und Mistkäfer hinüber.

„Entschuldige, dass wir lachen", sagt der Regenwurm freundlich. „Wir wissen, dass es bei Schmetterlingen anders ist. Aber es gibt nur eine Sorte Regenwürmer. Wir sind sozusagen nicht Mädchen oder Jungs, wir sind alle Mädchen und Jungs zugleich."

„Ha, ha – der ist gut", lacht der Mistkäfer und hält sich den Bauch. „Mädchen und Jungs zugleich!"

Der Hirschkäfer tritt ihm auf die Zehen und flüstert: „Mist, hör auf. Ich glaube, das war kein Witz."

„Es stimmt wirklich", sagt der Regenwurm und lacht, als er das ungläubige Mistkäfergesicht sieht.

„Na so was", sagt der Zitronenfalter, „das wusste ich nicht. Schlampige Ermittlungsarbeit – tut mir leid. Wenn alle Regenwürmer einfach nur Regenwürmer sind, woran kann man sie denn dann unterscheiden?"

„An allem Möglichen", sagt der Regenwurm. „Aber du hast mich auf eine Idee gebracht: Ich habe wirklich eine tiefe Stimme. Und ich singe gerne. Ich glaube, ich könnte den verlorenen Teil von mir am Gesang erkennen."

„Gute Idee", findet der Detektiv. „Hast du ein Lieblingslied?"

Der Regenwurm antwortet nicht. Stattdessen beginnt er leise zu summen.

Und genau der Regenwurm, den der Hirschkäfer sich wünscht, stimmt die erste Strophe an. Es ist ein Lied über einen einsamen Installateur, der sich auf der Suche nach einem Freund durch die Erde gräbt. Die Regenwürmer kennen offenbar alle den Text, denn automatisch übernimmt der nächste Wurm die folgende Strophe. So geht es reihum, bis der unglückliche Installateur einsam stirbt und alle Regenwürmer – sogar die, die links am Farn warten – gemeinsam den Refrain singen.

„Schöne Stimmen haben sie ja", sagt der Mistkäfer zum Hirschkäfer. „Aber der Text ist schrecklich."

„Ja", gibt der Hirschkäfer zu. „Mein Lieblingslied ist das auch nicht. Zu traurig."

Die Regenwürmer sehen aber überhaupt nicht traurig aus. Auch wenn Zittos Auftraggeber eine Träne die Wange hinabrinnt, sieht man sofort, dass es eine Freudenträne ist.

„Verdammt, Zitronenfalter", sagt er, „ich habe meine eigene Stimme erkannt. Du hast mich wirklich gefunden!"

„Eigentlich war das der Hirschkäfer", sagt der Zitronenfalter bescheiden.

Und wirklich: Der Regenwurm, den jetzt alle ansehen, ist der Wurm aus der Teestube der Heuschrecke.

„Bravo, Hicks!", ruft der Mistkäfer und applaudiert vierhändig.

„Bravo!", rufen die Regenwürmer und trommeln mit ihren Körperenden so kräftig auf den Boden, dass manche Gäste des Hirschkäfer-Grills schon glauben, das Gewitter sei zurück auf die Lichtung gekommen.

Harald Wurmwald

Die nächsten Tage hat der Hirschkäfer alle Hände voll zu tun, denn der Mond leuchtet jeden Abend ein Stückchen voller vom Himmel.

„Noch drei Tage bis zum Konzert", sagt der Mistkäfer, als er wieder einmal auf seinem Lieblingsbarhocker am Tresen des Hirschkäfer-Grills Platz nimmt.

„Was schätzt du", erkundigt sich der Hirschkäfer und gießt dem Mistkäfer eine Tasse Tee ein, „haben Nachtfalter und Grille jemand Berühmtes für ihr Konzert gefunden? Oder sagen sie das bloß?"

„Alles heiße Luft", meint der Mistkäfer voller Überzeugung. „Wenn sie jemanden hätten, würden sie doch im ganzen Wald Plakate mit seinem Bild aufhängen und Eintrittskarten verkaufen."

„Denke ich auch", sagt der Hirschkäfer. „Ich hab für alle Fälle trotzdem angefangen Essen vorzubereiten. Selbst wenn Grille und Nachtfalter das Konzert in letzter Sekunde absagen, werden ihre Helfer Hunger haben."

„Ich helfe auch gern alles aufzuessen", sagt der Mistkäfer. „Was gibt's denn?"

Der Hirschkäfer antwortet nicht. Er legt den Kopf schief und lauscht. „Hörst du das?", fragt er.

Der Mistkäfer blickt sich um. „Es kommt von dahinten. Könnte ein Flugzeug sein."

Aber es ist kein Flugzeug. Es sind acht kräftige Wespen, die eine vergoldete Walnuss tragen und kurz darauf mitten zwischen den Tischen des Hirschkäfer-Grills landen.

Hirschkäfer und Mistkäfer blicken sich an, aber keiner von beiden weiß, was dieser Auftritt zu bedeuten hat. Der Mistkäfer zuckt die Schultern. „Abwarten."

Sieben Wespen postieren sich im Kreis um die Walnuss, die achte öffnet sie vorsichtig. Dazu muss sie die Nuss nicht knacken. Der goldene Deckel schwingt mit einem leisen Schnarren nach oben.

„Wir sind da, Boss", sagt Wespe Nummer 8 und aus der goldenen Nussschale klettert behände ein Ohrwurm hervor.

„Harald Wurmwald", flüstert der Hirschkäfer dem Mistkäfer zu.

„Kennst du den?", fragt der Mistkäfer.

„Nein", flüstert der Hirschkäfer zurück, „ist nur geraten. Aber ich wette, das ist der Ohrwurm, bei dem Nachtfalter und Grille die Musiker buchen wollen."

Der Ohrwurm, der vielleicht Harald Wurmwald heißt, hat sich derweil für einen Tisch entschieden. Den großen in der Mitte. Eine der Wespen sagt etwas zu den beiden Marienkäfern, die dort sitzen, woraufhin sie hastig ihre Gläser leeren und aufspringen.

„Moment mal", sagt der Hirschkäfer. „Ich bin gleich wieder bei dir, Mist. Aber da muss ich hin."

„Ich sag Grille und Nachtfalter Bescheid", schlägt der Mistkäfer vor. „Dieser Ohrwurm gefällt mir nicht."

Der Hirschkäfer nickt, und dann marschiert er auf den Tisch zu, den die Wespen in Beschlag genommen haben. Wobei nur zwei Wespen zusammen mit dem Ohrwurm am Tisch sitzen, die anderen kreisen dicht darüber in der Luft.

„Willkommen im Hirschkäfer-Grill", sagt der Hirschkäfer. „Wir haben eine Menge freier Plätze hier, aber an diesem Tisch sitzen die Marienkäfer."

„Wir haben nur gefragt, ob wir uns dazusetzen dürfen", sagt eine der Wespen und grinst. Dabei fliegt sie sehr dicht an den Hirschkäfer heran und fährt ihren Stachel aus.

„Lass doch, Hirschkäfer", piepst einer der Marienkäfer. „Wir wollten sowieso gerade gehen."

„Ja", fügt der zweite hastig hinzu. „Wir müssen dringend weg. Wir zahlen vorn bei dir am Tresen."

„Ihr seid eingeladen", sagt der Hirschkäfer, der nicht weiß, wie er den Marienkäfern sonst helfen soll.

„Schön, schön", mischt sich der Ohrwurm ein. „Jetzt, wo das geklärt ist, können wir zum Geschäftlichen kommen. Hol deinen Chef, Käfer. Ich will ihn sprechen."

Der Hirschkäfer wird nicht gern herumkommandiert. Und er mag es nicht, wenn jemand ihn einfach

‚Käfer' nennt, obwohl er genau weiß, dass er ein Hirschkäfer ist.

„Hier gibt es keinen Chef", sagt der Hirschkäfer ärgerlich. „Ihr müsst schon mit mir reden, wenn ihr etwas zu besprechen habt."

„Hältst du mich für dumm, Käfer?", dröhnt der Ohrwurm mit viel lauterer Stimme, als es der Hirschkäfer einem so kleinen Tier zugetraut hätte. „Ich weiß zufällig, dass der Laden hier den Direktoren der Waldbühne gehört."

Der Hirschkäfer muss beinah lachen, als er begreift, dass der Ohrwurm auf die Übertreibungen von Grille und Nachtfalter hereingefallen ist. Darüber vergisst er für einen Augenblick, weiter unfreundlich zu sein.

„Ein Missverständnis", erklärt er. „Der Hirschkäfer-Grill gehört nicht zur Waldbühne. Dahinten kommen die beiden Direktoren, die kannst du fragen."

Grille und Nachtfalter hüpfen und flattern eilig über die Lichtung.

„Das werde ich", sagt der Ohrwurm und kneift die Augen zusammen. „Bekomme ich hier im Eichenfass verrotteten Brennnessel-Branntwein?"

Der Hirschkäfer nickt. „Also, ein Brennnessel-Branntwein? Sonst noch etwas?"

„Die Wespen trinken nichts, sie arbeiten", sagt der Ohrwurm. „Und bring den ältesten Branntwein, den du hast."

Das ist einfach. Der älteste im Eichenfass verrottete Brennnessel-Branntwein im Hirschkäfer-Grill ist nämlich gleichzeitig der einzige. Das Gebräu war kein großer Erfolg. Und weil es nicht nur scheußlich schmeckt, sondern auch ausgesprochen übel riecht, lagert der Hirschkäfer das Fass in einem kühlen Erdloch weit hinter der Küche. Auf dem Weg dorthin lässt er sich mit der Bestellung Zeit. Als er schließlich das Getränk an den Tisch bringt, sagt der Ohrwurm gerade zum Nachtfalter: „Natürlich könnt ihr einen meiner Musiker engagieren! Wen wollt ihr denn haben: den Eschwälder Blattlauschor, ‚Zirpina – die Grille von Paris' oder lieber was für junge Hüpfer? ‚Blutrausch – die rockenden Bettwanzen'? Ich hab sie alle! Jeder Einzelne Teil der großen glücklichen Wurmwald-Familie!"

Grille und Nachtfalter sehen ebenso überrascht aus wie der Hirschkäfer. Dass es so einfach sein würde, weltbekannte Musiker auf ihre Bühne zu bekommen, hatten sie nicht erwartet.

„Also, wir hätten sie gern alle", sagt der Nachtfalter. „Wir planen eine Konzertreihe."

„Soso, eine Konzertreihe", lacht der Ohrwurm und kneift den Nachtfalter spielerisch mit seiner Zange in den Flügel. „Ihr klotzt ja richtig ran! Gefällt mir! Junge Insekten wie euch kann ich brauchen."

„Äh, ja, danke", sagt der Nachtfalter und versucht unauffällig seine empfindlichen Flügel außer Reichweite von Harald Wurmwald zu bringen.

„Möchtet ihr beide auch was trinken?", fragt der Hirschkäfer.

Die Grille bestellt Tee und der Hirschkäfer macht sich wieder auf den Weg zum Imbisswagen. Dabei fällt ihm auf, dass die Gespräche an den anderen

Tischen verstummt sind. Manche Gäste starren neugierig zum großen Tisch hinüber, manche schaufeln mit ungewohnter Geschwindigkeit ihr Essen in sich hinein, um schneller gehen zu können. Assel und Schnecke rücken ganz langsam mitsamt ihrem Tisch von den Wespen weg. Dabei starren sie auf ihre Schachpartie, als dächten sie angestrengt über den nächsten Zug nach.

„Ich mag euch", fährt der Ohrwurm fort, „deshalb mache ich euch heute ein einmaliges Angebot. Werdet Teil der Wurmwald-Familie, und ich helfe euch, eure Konzertreihe richtig groß aufzuziehen!"

Er gibt einer der Wespen ein Zeichen, die daraufhin einen dicken Stapel Papier aus der goldenen Nuss holt und ihn vor Nachtfalter und Grille legt.

„Unterschreibt einfach auf der letzten Seite und dann machen wir Pläne."

„Das ist sehr freundlich", sagt die Grille und sieht wahrscheinlich zum ersten Mal in ihrem Leben völlig überrumpelt aus. Das liegt vermutlich daran, denkt der Hirschkäfer, dass normalerweise sie es ist, die andere mit ihren Ideen überrumpelt.

„Wir sehen uns den Vertrag natürlich gerne an", sagt der Nachtfalter.

„Ansehen? Vertrag? Das ist nur eine kleine Abmachung unter Freunden. Damit ihr Teil der Familie werdet. Wir unterschreiben und halten uns daran – lesen könnt ihr das später!", sagt der Ohrwurm.

„Hier steht, dass Harald Wurmwald

persönlich alles Geld bekommt, das wir mit den Konzerten verdienen", sagt die Grille.

„Dafür verwirklicht ihr eure Träume! Lernt tolle Künstler kennen! Und als Teil der Wurmwald-Familie esst ihr in all meinen Restaurants zum halben Preis."

„Okay, na ja", wendet die Grille zaghaft ein. „Bei uns im Wald gibt es gar kein Wurmwald-Restaurant."

„Noch nicht", lacht der Ohrwurm. „Könnte mir gut vorstellen, den Laden hier zu übernehmen. Günstige Lage – so dicht an der Konzerttribüne. Und der große Käfer macht einen anständigen Branntwein."

Dem Hirschkäfer, der eben Teewasser in die Kanne gießt, stellen sich die Fühler auf. Diese Idee kann der Ohrwurm sich gleich wieder aus dem Kopf schlagen.

„Hm ja", sagt der Nachtfalter. „Hier steht auch, dass wir persönlich dafür verantwortlich sind, dass unsere Einnahmen für Harald Wurmwald zufriedenstellend sind …"

„Tja, einen kleinen Beitrag müsst ihr natürlich auch leisten", sagt der Ohrwurm. „Leute, die nur an sich selber denken, kann ich nicht brauchen."

„… und dass wir – und alle, die wir kennen – Harald Wurmwald sonst eine Entschädigung bezahlen müssen. Deren Höhe wird von Harald Wurmwald festgelegt", fährt die Grille fort. „Wie ist das denn gemeint?"

Harald Wurmwald winkt ab. „Darüber braucht ihr euch keine Sorgen zu machen. Das ist ein Standardsatz. Der steht in allen unseren Verträgen."

„Also, ich weiß nicht …", murmelt der Nachtfalter und rutscht unbehaglich auf seinem Stuhl hin und her.

„Wollt ihr nun dabei sein oder nicht?", raunzt der Ohrwurm. „Im Showgeschäft muss man schnelle Entscheidungen treffen. Für Zauderer und Langsam-Denker ist da kein Platz."

Grille und Nachtfalter blicken einander an.

„Könnten wir nicht", setzt die Grille an, „unabhängig bleiben und nur den Musikern etwas bezahlen?"

„Haha, du bist mir ein Witzbold!", ruft Harald Wurmwald und zwickt auch die Grille. „Unabhängig bleiben! Der ist gut! Ihr habt ja wirklich gar keine Ahnung! Wisst ihr überhaupt, was bei so einem Konzert alles passieren kann? Eure Tribüne könnte einstürzen! Musiker könnten krank werden! Feuer ausbrechen!"

Dem Hirschkäfer kribbeln die Fühler. Soll das etwa eine Drohung sein? Dieser Ohrwurm geht wirklich zu weit! Wie kann man ihn bloß loswerden?

„Pst, Hicks", flüstert eine Stimme hinter dem Imbiss. Auch wenn sie sehr leise ist, erkennt der Hirschkäfer sie sofort. Er lächelt erleichtert.

„Was gibt's, Mist?", flüstert er zurück.

„Schnell, bring der Grille den Tee", flüstert der Mistkäfer, „und wenn ich dann dazukomme, tu so, als ob du mich nicht kennst."

„Was hast du vor?"

„Das merkst du schon", flüstert der Mistkäfer. „Spiel einfach mit."

Ausgetrickst!

„So, hier kommt ein Kännchen Tee für dich, Grille", sagt der Hirschkäfer. „Kann ich euch sonst noch was bringen? Möchtet ihr was essen?"

Hinter dem Hirschkäfer räuspert sich jemand. Auf den ersten Blick ein großer Kartoffelkäfer mit einem Klemmbrett und ernster Miene. Auf den zweiten Blick der Mistkäfer, der sich gelbe Streifen auf die Flügel gemalt hat. Gut, dass der Hirschkäfer vorgewarnt ist. So lässt er sich nichts anmerken und fragt freundlich: „Ja, bitte?"

„Was denkt ihr euch eigentlich?", poltert der falsche Kartoffelkäfer. „Der Imbiss sollte doch längst geschlossen sein."

„Äh …", stammelt der Hirschkäfer und wünscht sich, der Mistkäfer hätte ihm seinen Plan vorher erklärt.

„Wir haben hier Geschäftliches zu besprechen", platzt der Ohrwurm dazwischen. „Unterhaltet euch woanders weiter, Käfer."

„An Ihrer Stelle würde ich hier nicht so entspannt sitzen", sagt der Mistkäfer mit erhobener Stimme. „Als Ohrwurm erwischt es Sie doch zuerst."

„Erwischt mich *was*?", fragt der Ohrwurm. „Wer sind Sie überhaupt?"

„Gesundheitsamt", stellt der Mistkäfer sich vor, „Büro für

scheußliche Krankheiten. Wissen Sie nicht, dass das hier Seuchengebiet ist? Sieben Fälle von Käferkrätze in drei Tagen!"

„Wir sind keine Käfer", wirft eine der Wespen ein.

„Ja, eben!", sagt der Mistkäfer. „Deshalb versteh ich auch nicht, wieso Sie derart leichtsinnig sind! Für Käfer ist die Käferkrätze ja schon unangenehm. Juckreiz, hässlicher Ausschlag, unkontrolliertes Fühlerzucken. Aber wenn die Krankheit auf andere Arten übergreift, hört der Spaß auf. Wespen färben sich meist nach ein paar Tagen blau und dann fallen ihnen die Flügel aus … Aber bitte, wenn Sie wegen eines gegrillten Mistburgers Ihre Gesundheit aufs Spiel setzen wollen, dann tun Sie das! Das Gesundheitsamt lehnt jede Verantwortung ab."

Während der Mistkäfer redet und redet, verringert eine Wespe nach der anderen ihre Flughöhe, bis sie schließlich alle mit hängenden Flügeln den Vertreter des Büros für scheußliche Krankheiten umringen.

„Was ist denn jetzt mit den Ohrwürmern?", fragt Harald Wurmwald. „Wieso trifft es die Ohrwürmer zuerst?"

Der Mistkäfer zuckt die Schulter. „Empfindlich, schlechte Abwehrkräfte … Was weiß ich? Meist geht die Käferkrätze in Zangenfäule über. Dann fällt die Zange ab, und die Ohrwürmer spucken rosafarbenen Schaum …"

Der Mistkäfer macht eine Kunstpause. Wahrscheinlich auf der Suche nach Ideen für weitere schreckliche Krankheitsanzeichen, vermutet der Hirschkäfer.

„Wir hatten schon einige interessante Fälle", fährt der Mistkäfer fort. „Manchen Ohrwürmern wuchsen plötzlich grüne Borsten. Ach ja, und die meisten wurden taub."

Der Hirschkäfer hat inzwischen Zeit gehabt, um über seine Rolle in dem Theaterstück nachzudenken. Mit beruhigender Stimme wendet er sich an die neuen Gäste: „Macht euch keine Sorgen! Das Gesundheitsamt übertreibt mal wieder maßlos. Ein paar Käfer, die sich kratzen. Ein paar ausgefallene Flügel und Beine. Wegen solcher Kleinigkeiten schließe ich doch nicht meinen Imbiss! Guckt euch um, hier sind alle kerngesund!"

Die Stammgäste des Hirschkäfer-Grills, die die Szene mit großen Augen verfolgt haben, wissen, was zu tun ist. Die Assel winkt mit einem Arm fröhlich herüber, während sie sich mit den 13 übrigen ausgiebig am ganzen Körper kratzt. Die Schnecke hat aus ihrem Himbeer-Shake eine große Portion Schaum geschlagen, die sie nun freundlich lächelnd aus ihrem Mund hervorblubbern lässt, und der Brummer spreizt den linken Flügel nach außen, sodass er merkwürdig vom Körper absteht.

Harald Wurmwald wird sehr blass. Wenn der Hirschkäfer nicht wüsste, dass es eine Krankheit wie die Käferkrätze gar nicht gibt, er wäre sicher, dass der Ohrwurm erste Symptome zeigt.

„Wespen, wir fliegen!", kommandiert Harald Wurmwald und rast zu seiner Nussschale.

„Augenblick mal", sagt der Mistkäfer und läuft hinterher. „Das kann ich nicht erlauben. Das Gesundheitsamt muss alle zusammen einsperren, bis die Gefahr vorüber ist: Quarantäne!"

„Abheben! Sofort!", brüllt Harald Wurmwald und knallt den Deckel seiner Reisenuss zu. Schon jagen die Wespen mit ihm durch die Luft. Nichts wie weg von der Lichtung!

Der Mistkäfer – noch ganz in seiner Rolle – hüpft auf und ab und schreit „Hiergeblieben!", bis sie außer Sichtweite sind. Dann lässt er sich ins weiche Moos fallen und lacht.

Nach der erfolgreichen Vertreibung des Ohrwurms herrscht ausgelassene Stimmung am Hirschkäfer-Grill. Niemand sitzt mehr an seinem Tisch. Alle umringen den Mistkäfer und lachen und reden durcheinander.

„Habt ihr gesehen, wie diese Wespen geguckt haben?"

115

„Ja, ha ha, und wie der Ohrwurm gerannt ist."

„Ich fand den ja gruselig."

„Wenn der mich gezwickt hätte … Na, dem hätte ich aber was erzählt!"

„Das sagst du so! Ich war viel zu überrascht. Und dann noch die ganzen Wespen!"

„Na, die trauen sich bestimmt nicht mehr her. ‚Käferkrätze'! Ich schmeiß mich weg!"

„Ja! Und die Schnecke mit dem Schaum vorm Mund! Ich dachte, ich fall vom Stuhl!"

„Wieso hast du dir eigentlich die Streifen aufgemalt, Mist?", fragt der Hirschkäfer.

„Ach so", sagt der Mistkäfer und grinst. „Das war vielleicht übertrieben. Aber ich dachte, falls der Ohrwurm mich bei dir am Tresen gesehen hat, gehe ich lieber auf Nummer sicher. Er durfte mich ja nicht wiedererkennen."

„Du hast uns gerettet, Mistkäfer!", sagt der Nachtfalter.

„Wirklich – gerettet!", ruft die Grille. „Wie bist du nur auf die Idee gekommen?!"

Der Mistkäfer kichert. „Eine Fliege hat mich darauf gebracht! Ihr erinnert euch doch sicher an die Schmeißfliege, die hier die Gegend unsicher gemacht hat!? Die, die so getan hat, als ob sie beim Gesundheitsamt arbeitet?"

Nachtfalter und Grille schütteln die Köpfe. Davon haben sie nichts mitbekommen. Der Hirschkäfer dagegen erinnert sich genau.

„Du bist wirklich genial, Mist", sagt er und klopft dem Mistkäfer auf die Schulter. „Wer hätte gedacht, dass die schreckliche Fliege uns noch mal derart helfen würde?!"

„Was ist denn hier los?", fragt jemand aus der Luft. Der Zitronenfalter, der eben aus dem Wald geflogen kommt. „Feiert ihr eine Party?"

Zitto macht große Augen, als er hört, was passiert ist.

„Na, wenigstens eine Sache, die heute gut ausgegangen ist", sagt er.

„Was ist denn los?", fragt der Hirschkäfer, der gleich merkt, dass beim Zitronenfalter etwas nicht stimmt.

„Ach, es ist wegen der Regenwürmer", sagt der Zitronenfalter. „Der Fall ist sozusagen geplatzt."

„Komm mit", sagt der Hirschkäfer. „Wir setzen uns da drüben hin."

Und abseits vom Trubel erzählt der Zitronenfalter, was passiert ist.

„Angefangen hat es damit, dass die Regenwürmer Erinnerungen ausgetauscht haben", sagt er. „Der eine hat zum Bespiel gesagt: ‚Weißt du noch, wie wir im Winter immer mit dem Engerling Karten gespielt haben?', und der andere konnte sich gar nicht daran erinnern. Oder der andere hat gesagt: ‚Weißt du noch, der Wasserrohrbruch bei Familie Borkenkäfer?' Daran konnten sich beide erinnern, aber dann waren sie sich nicht einig, ob sie den repariert oder den Auftrag abgelehnt hatten, um nicht auf einen Baum klettern zu müssen. Die beiden waren ziemlich durcheinander. Sie sind zu mir gekommen und haben mich um Rat gefragt."

„Was hast du gemacht?", fragt der Hirschkäfer.

„Fragen gestellt", sagt der Zitronenfalter. „Erst den beiden und dann allen anderen Regenwürmern, die sich gemeldet hatten. Und dann kamen noch andere Würmer dazu, die neugierig geworden waren. Die habe ich auch befragt. Das Ergebnis ist: Alle Regenwürmer, die schon mal geteilt wurden, waren das Vorderende eines Regenwurms. Niemand will ein Hinterteil gewesen sein."

„Vielleicht ist es den Würmern bloß peinlich", schlägt der Hirschkäfer vor. „Ich würde auch nicht gern herumerzählen, dass ich ein nachgewachsenes Hinterteil bin."

„Ich glaube, daran liegt es nicht", sagt der Detektiv nachdenklich. „Ich denke, es hat mit dem Kopf zu tun. Der ist am Vorderende und ich vermute, der Kopf ist zu kompliziert, als dass die Würmer ihn wieder nachwachsen lassen können."

Der Hirschkäfer nickt langsam. „Das könnte sein. Wenn es stimmt, dann gibt es für keinen der Regenwürmer einen Zwillingswurm. Selbst wenn du weitersuchst."

„Ich weiß", sagt der Zitronenfalter. „Das habe ich auch den Regenwürmern gesagt. Die meisten von ihnen denken, dass ich recht habe. Jetzt sind sie traurig und ich bin es auch."

Der Hirschkäfer nickt. Dann sagt er: „Auch wenn du nicht das herausgefunden hast, was die Regenwürmer sich gewünscht haben – ich finde, du bist ein großer Detektiv."

Das große Vollmond-
Freundschaftskonzert

Drei Tage später köchelt beim Hirschkäfer ein Stück Baumrinde munter im Topf. Der Topf fürs Rindengulasch ist so groß, dass weder im Imbisswagen noch in der Küche der Blattläuse ausreichend Platz für ihn ist. Deshalb hat der Hirschkäfer neben dem Imbiss eine Feuerstelle errichtet. Der Mistkäfer hat ihm geholfen, den schweren Topf sicher darüber aufzuhängen. Die Blattläuse legen regelmäßig Brennholz nach, und ab und zu hasten die Konzerthelfer von Grille und Nachtfalter vorbei. Inzwischen hängen überall im Wald Plakate, die ein ,Vollmond-Konzert mit Überraschungsstargast' ankündigen. Trotzdem ist der Hirschkäfer sich nicht sicher, ob das Konzert stattfinden wird. Seit dem denkwürdigen Besuch von Harald Wurmwald hat er nicht mehr mit Grille und Nachtfalter gesprochen. Er vermutet, dass sie irgendwo in den Wäldern und Wiesen auf der Suche nach ihrem Überraschungsstargast sind.

„Hallo, Hirschkäfer", sagt der Brummer und lehnt seine singende Säge an den Tresen. Er ordert ein Blattlausbier und blickt missbilligend auf die Musikinstrumente, die sich am Eingang zur Konzerttribüne stapeln. „Meinst du, die wollen alle auftreten?"

„Glaub schon", bestätigt der Hirschkäfer. Er weiß,

dass Grille und Nachtfalter nahezu jedem ihrer Helfer einen kurzen Auftritt beim Konzert versprochen haben.

„Hätte mir denken können, dass ich nicht der Einzige bin", grunzt der Brummer. „Wenn die alle spielen dürfen, ist es Mitternacht, bis der Stargast auftreten kann. Na, der wird sich wundern!"

„Weißt du, wer es ist?", fragt der Hirschkäfer neugierig.

„Nee", sagt der Brummer, „keine Ahnung. Ist doch geheim, oder?"

Auch die anderen Gäste, die sich nach und nach am Hirschkäfer-Grill versammeln, wissen nicht mehr. Weder der Tausendfüßler, dem der Mistkäfer helfen muss, seine schwere Musikausrüstung auf die Lichtung zu schieben, noch die Heuschrecke, die extra von der Wiese gekommen ist. Nicht einmal die Motte, die ihre Runden um die Laterne am Waldparkplatz häufig gemeinsam mit dem Nachtfalter dreht, kann das Geheimnis lüften. Auch sie hat Nachtfalter und Grille seit Tagen nicht gesehen.

Als der Nachmittag in den frühen Abend übergeht und längst alles für das Konzert vorbereitet ist, fangen die Helfer an, sich um Grille und Nachtfalter Sorgen zu machen.

„Was sollen wir tun, Mist?", fragt der Hirschkäfer.

Der Mistkäfer überlegt einen Moment, dann sagt er: „Essen! Mit leerem Magen kann ich keinen Plan machen."

„Gute Idee", sagt der Hirschkäfer. „Bestimmt haben alle Hunger. Was meint ihr, Blattläuse? Sollen wir die Konzerthelfer rufen?"

Wenig später sitzen die Helfer an langen Tafeln auf der Lichtung und lassen sich Rindengulasch, Mistfrikadellen und Kräutersalat schmecken. Jeder, der eine rote Mütze trägt, bekommt ein kostenloses Essen, und die Blattläuse füllen die Gläser großzügig mit Bier und Blütenstaubbrause. Der Mistkäfer hat sich für eine Mistfrikadelle, eine große Salatportion und ein Stück Honigkuchen entschieden. Hirschkäfer und Blattläuse machen sich – nachdem die Gäste versorgt sind – übers Rindengulasch her.

„Wenn ich mit dem Nachtisch fertig bin", kündigt der Mistkäfer an, „fliege ich los und suche die beiden."

„Sprichst du von uns?", fragt der Nachtfalter.

Dem Mistkäfer fällt vor Überraschung der Honigkuchen aus der Hand. „Wo kommt ihr denn so plötzlich her?"

„Von überall", sagt der Nachtfalter. „Gibt keinen Ort, an dem wir nicht waren, was, Grille?"

Die Grille nickt, und weil die beiden so zerzaust und erschöpft ausschauen, wie der Hirschkäfer sie noch nie gesehen hat, holt er zwei Stühle und tischt Essen auf, ohne eine einzige Frage zu stellen.

„Das war gut. Danke, Hirschkäfer", sagt der Nachtfalter, nachdem er den letzten Rest Gulaschsoße vom Teller gekratzt hat.

„Wir müssen das Konzert absagen", sagt die Grille düster. „Wir haben niemanden gefunden, der bei uns auftreten will."

„Ihr meint, ihr habt keinen Überraschungsstargast gefunden?", fragt der Hirschkäfer.

„War nichts zu machen", sagt der Nachtfalter. „Wir haben alles versucht."

„Alles, außer noch mal Harald Wurmwald zu fragen", schränkt die Grille ein.

„Ihr habt vielleicht keinen Stargast", sagt der Mistkäfer, „aber deshalb braucht ihr das Konzert nicht abzusagen. Seht euch doch mal um!" Der Mistkäfer deutet auf die langen Tische mit den rotbemützten Helfern. „Der halbe Wald will bei euch auftreten!"

„Die schon", sagt die Grille mit gesenkter Stimme, „aber viele von denen können gar nicht richtig spielen."

„Vielleicht ist das gar nicht so schlimm", sagt der Hirschkäfer. „Es wäre eben kein Profikonzert, mit dem ihr reich werdet. Macht doch ein kostenloses Freundschaftskonzert für die Waldlichtung. Auch wenn niemand spielen kann wie das Große Grillharmonische Orchester – wir werden Spaß haben! Ich würde es gern hören."

Und genau so, wie der Hirschkäfer es vorschlägt, wird es gemacht.

„Wir holen nur noch schnell unsere Hüte", sagt die Grille, und kurz darauf erscheint sie mit dem Nachtfalter als strahlende Direktorin der Waldbühne und kündigt „Das große Vollmond-Freundschaftskonzert" an. Jeder, der auftreten möchte, bekommt eine Nummer. Und zwischen den Auftritten stellt sich die Schabe an den Bühnenrand und schlägt drei Mal die Triangel. So wissen alle, dass der nächste Musiker an der Reihe ist. Insgesamt verteilen Grille und Nachtfalter 47 Nummern. Damit das Konzert nicht die ganze Nacht dauert, darf niemand mehr als zwei Lieder spielen und nur eine einzige Zugabe geben, falls eine verlangt wird.

Grille und Nachtfalter haben sich selbst die Nummer 1 gegeben und eröffnen den Abend mit einem Stepptanz, bei dem sie immer wieder ihre großen Direktorenhüte schwenken. Wegen der Suche nach dem Überraschungsstargast hatten sie keine Zeit zu proben, und ihr Tanz ist nicht unbedingt synchron. Trotzdem ist die Stimmung prächtig und der Applaus für sie überwältigend. Ihnen folgt ein Auftritt der Feuerwanzen mit ihren Banjos.

„Gar nicht schlecht", flüstert der Mistkäfer anerkennend.

Und die Feuerwanzen sind keineswegs die Einzigen, die mit einer besonders guten Darbietung für Jubel sorgen. Die Zecken überzeugen mit einem Paso doble. Das traurige Lied des Pelzkäfers rührt die Zuschauer zu Tränen. Die Heuschrecke, die gemeinsam mit zwei älteren Küchenschaben unter dem Namen „Green Grass Girls" auftritt, reißt mit ihrer Musik alle von den Sitzen, und spätestens bei der Zugabe tanzt die gesamte Tribüne.

Natürlich sind nicht alle Musiker perfekt. Das Flötenspiel

der Stechmücken klingt ziemlich schräg. Die Klavierimprovisation des Nashornkäfers ist vor allem laut, und den beiden Rosenkäfern gelingt es bei ihrer Operetten-Ouvertüre nicht, bis zum Schluss den gleichen Takt zu halten.

Auch sonst geht nicht alles glatt. Das Wasserballett der Teichflöhe schwappt in den Zuschauerraum und durchnässt die erste Reihe. Der Tausendfüßler, der versucht 17 Instrumente gleichzeitig zu spielen, verwechselt den Dudelsack mit der Gitarre und bemerkt seinen Fehler erst beim zweiten Stück. Der Nachtfalter muss der Spinne energisch verbieten, die Zuschauer vor ihrem Auftritt an die Sitze zu fesseln. Sie fürchtet, dass sonst nicht alle bis zum Ende bleiben. Das Stück, das sie auf der Zither spielt, ist dann auch eines der längsten des Abends. Ob sie vorhatte, noch ein zweites anzustimmen, bleibt ihr Geheimnis, denn die Schabe kommt ihr mit der Triangel zuvor. Trotzdem gibt es an diesem Abend für jeden, der sich auf die Bühne gewagt hat, freundlichen Applaus. Selbst als sich bei Auftritt 44 eine Wolke vor den Vollmond schiebt und es zu regnen beginnt, steht niemand auf. Die Konzerthelfer sind auf alles vorbereitet. Sie verteilen Weidenblätter als Regenschutz und die Glühwürmchen drehen ihre Lichtverstärker auf volle Leistung.

Den letzten Auftritt – Nummer 47 – haben Grille und Nachtfalter wieder für sich reserviert. Doch während sie noch ihre riesigen Hüte zurechtrücken, passiert etwas Unerwartetes: Der Lichtkegel eines Glühwürmchens fällt auf den Streifen zwischen Bühne und Zuschauerraum. Ein Regenwurm streckt den Kopf aus der feuchten Erde. Hirschkäfer und Mistkäfer beugen sich vor, um besser sehen zu können. Nicht ein Regenwurm – 13 Regenwürmer blicken zu den Zuschauern hoch und stimmen das Lied vom einsamen Installateur an. Dazu brauchen sie keine Musikinstrumente. Während abwechselnd ein Wurm die Strophen singt, machen die anderen Geräusche wie ein ganzes Orchester. Sie sind so gut, dass sie es sogar mit den Grillharmonikern aufnehmen könnten. Und zur Freude des Mistkäfers stellt sich heraus, dass sie nicht nur traurige Lieder in ihrem Repertoire haben. Obwohl das gegen die Regeln verstößt, müssen die Regenwürmer vier Zugaben geben. Zuletzt singen sie das ‚Lied vom kleinen grünen Regenwurm‘. Ein lustiges Stück über einen Regenwurm, der nicht weiß, dass er eigentlich eine Raupe ist. Bis er sich eines Tages in einen Schmetterling verwandelt. Zitto applaudiert am lautesten von allen.

Die meisten Zuschauer eilen nach dem Konzert sofort nach Hause, denn der Regen wird immer heftiger. Doch Hirschkäfer, Mistkäfer und Zitronenfalter drängen sich durchs Publikum zu den Regenwürmern.

„Das war toll!", sagt der Hirschkäfer.

„Großartig!", strahlt der Zitronenfalter.

„Ober-Misto-Fantastisch!", erklärt der Mistkäfer.

„Danke", sagt der Regenwurm mit der Bassstimme. „Wir haben euer Konzert unter der Erde gehört."

„Wir mussten einfach dabei sein", ergänzt der Wurm neben ihm. „Und uns bedanken, dass du uns gefunden hast, Falter. Auch wenn keiner von uns einen Zwillingswurm hat – irgendwie gehören wir doch alle zusammen."

„Ach", winkt der Zitronenfalter ab, „da war doch nichts dabei." Aber seine Flügel leuchten noch zitronengelber als sonst, und er sieht sehr glücklich aus.

Als der Hirschkäfer später in seinem Bett liegt und der Regen am Fenster vorbeirauscht, kann er ganz leise den Gesang der Regenwürmer hören. Und dann die Stimmen von Nachtfalter und Grille, die versuchen, den ‚Chor der Installateure' zu einer Konzertreise unter ihrer Leitung zu überreden. Ob ihnen das gelingt, erfährt der Hirschkäfer in dieser Nacht nicht mehr. Er wickelt sich gemütlich in seine Bettdecke und schläft ein.